ANDRZEJ MOSZCZYŃSKI jest autorem 23 książek, 34 wykładów oraz 3 kursów. Pasjonuje go zdobywanie wiedzy z obszaru psychologii osobowości i psychologii pozytywnej.

Ponad 700 razy wystąpił jako prelegent podczas seminariów, konferencji czy kongresów mających charakter społeczny i charytatywny.

Regularnie się dokształca i korzysta ze szkoleń takich organizacji edukacyjnych jak: Harvard Business Review, Ernst & Young, Gallup Institute, PwC.

Jego zainteresowania obejmują następujące tematy: potencjał człowieka, poczucie własnej wartości, szczęście, kluczowe cechy osobowości, w tym między innymi odwaga, wytrwałość, wnikliwość, entuzjazm, wiara w siebie, realizm. Obszar jego zainteresowań stanowią również umiejętności wspierające bycie zadowolonym człowiekiem, między innymi: uczenie się, wyznaczanie celów, planowanie, asertywność, podejmowanie decyzji, inicjatywa, priorytety. Zajmuje się też czynnikami wpływającymi na dobre relacje między ludźmi (należą do nich np. miłość, motywacja, pozytywna postawa, wewnętrzny spokój, zaufanie, mądrość).

Od ponad 30 lat jest przedsiębiorcą. W latach dziewięćdziesiątych był przez dziesięć lat prezesem spółki działającej w branży reklamowej i obejmującej zasięgiem cały kraj. Od 2005 r. do 2015 r. był prezesem spółki inwestycyjnej, która komercjalizowała biurowce, hotele, osiedla mieszkaniowe, galerie handlowe.

W latach 2009-2018 był akcjonariuszem strategicznym oraz przewodniczącym rady nadzorczej fabryki urządzeń okrętowych Expom SA. W 2014 r. utworzył w USA spółkę wydawniczą. Od 2019 r. skupia się przede wszystkim na jej rozwoju.

Inaczej o dobrym i mądrym życiu to książka o umiejętności stosowania strategii osiągania wartościowych celów. Autor opisuje 22 aspekty, które prowadzą do bycia mądrym. W jakim znaczeniu mądrym?

Mądry człowiek jest skupiony na działaniu ukierunkowanym na podnoszenie jakości życia, zarówno swojego, jak i innych. O tym jest ta książka: o byciu szczęśliwym, o poznaniu siebie, by zajmować się tym, w czym mamy największy potencjał, o rozwinięciu poczucia własnej wartości, które jest podstawowym czynnikiem utrzymywania dobrych relacji z samym sobą i innymi ludźmi, o byciu odważnym, wytrwałym, wnikliwym, entuzjastycznym, posiadającym optymalną wiarę w siebie, a także o byciu realistą.

Mądrość to umiejętność czynienia tego, co szlachetne. Z takiego podejścia rodzą się następujące czyny: nie osądzamy, jesteśmy tolerancyjni, życzliwi, pokorni, skromni, umiejący przebaczać. Mądry człowiek to osoba asertywna, wyznaczająca sobie pozytywne cele, ustalająca priorytety, planująca swoje działania, podejmująca decyzje i przyjmująca za nie odpowiedzialność. Mądrość to też zaufanie do siebie i innych, bycie zmotywowanym i posiadającym jasne wartości nadrzędne (do których najczęściej należą: miłość, szczęście, dobro, prawda, wolność).

Autor książki opisuje proces budowania mentalności bycia mądrym. Wszechobecna indoktrynacja jest przeszkodą na tej drodze. Jeśli jakaś grupa nie uczy tolerancji, przekazuje fałszywy obraz bycia zadowolonym człowiekiem, to czy można mówić o uczeniu się mądrości? Zdaniem autora potrzebujemy mądrości niemal jak powietrza czy czystej wody. W tej książce będziesz wielokrotnie zachęcany do bycia mądrym, co w rezultacie prowadzi też do bycia szczęśliwym i spełnionym.

Szczegóły dostępne na stronie:
www.andrewmoszczynski.com

Andrzej Moszczyński

Inaczej
o zaufaniu

2021

© Andrzej Moszczyński, 2021

Korekta oraz skład i łamanie:
Wydawnictwo Online
www.wydawnictwo-online.pl

Projekt okładki:
Mateusz Rossowiecki

Wydanie I

ISBN 978-83-65873-22-4

Wydawca:

ANDREW MOSZCZYNSKI
I N S T I T U T E

Andrew Moszczynski Institute LLC
1521 Concord Pike STE 303
Wilmington, DE 19803, USA
www.andrewmoszczynski.com

Licencja na Polskę:
Andrew Moszczynski Group sp. z o.o.
ul. Grunwaldzka 472
80-309 Gdańsk
www.andrewmoszczynskigroup.com

Licencję wyłączną na Polskę ma Andrew Moszczynski Group sp. z o.o. Objęta jest nią cała działalność wydawnicza i szkoleniowa Andrew Moszczynski Institute. Bez pisemnego zezwolenia Andrew Moszczynski Group sp. z o.o. zabrania się kopiowania i rozpowszechniania w jakiejkolwiek formie tekstów, elementów graficznych, materiałów szkoleniowych oraz autorskich pomysłów sygnowanych znakiem firmowym Andrew Moszczynski Group.

*Ukochanej Żonie
Marioli*

SPIS TREŚCI

Rozdział 1. Rodzaje zaufania   9
  A. Zaufanie do siebie   12
  B. Człowiek godny zaufania   15

Rozdział 2. Zaufanie w różnych dziedzinach życia   23
  A. Zarządzanie przez zaufanie   25
  B. Zaufanie a wychowanie   26

Rozdział 3. Tak ważne, a tak kruche…   31
  A. Test zaufania   32
  B. Człowiek sukcesu to człowiek ufny   33

Rozdział 4. Ciemniejsza strona zaufania   37
  A. Manipulacja   37
  B. Kultura nieufności, kultura zaufania   38

Rozdział 5. Tak jest między nami   43
  A. Miłość, przyjaźń, zaufanie   44

    B. Jak ufać, jak być godnym zaufania – praktyczne rady   49

    C. Niezbędnik człowieka budzącego zaufanie   58

Rozdział 6. Zaufanie kontrolowane.   65

Podsumowanie. Co warto zapamiętać?   69

    A. Zaufanie do siebie   69

    B. Zaufanie w relacjach z ludźmi   72

    C. Zaufanie w związkach   74

    D. Jak zdobyć zaufanie   75

    E. Jak wzbudzić zaufanie   76

    F. Brak zaufania   78

Dodatek extra ☺   81

Bibliografia   99

O autorze   115

Opinie o książce   121

Dodatek. Cytaty, które pomagały autorowi napisać tę książkę   125

Rozdział 1

Rodzaje zaufania

Zaufanie odbieramy jako coś bardzo cennego, trudno osiągalnego, ale i bardzo nietrwałego, kruchego – bo łatwiej odbudować zburzone miasto niż zburzone zaufanie. Nadajemy mu wysoką rangę w swoim życiu. Traktujemy je jak coś, o co warto się starać, a nawet walczyć. Jako coś, o czym marzymy – czasem skrycie, być może wstydliwie, bo wydaje się nam, że ufanie komuś to oznaka słabości, że to po prostu naiwność.

Tak czy inaczej zaufanie to ogromna wartość. Kojarzymy ją zwykle z życiem osobistym, uczuciowym – ze związkiem dwojga ludzi, z rodziną, miłością, a także przyjaźnią.

Rzeczywiście – bez wzajemnego zaufania żaden prawdziwy związek nie jest możliwy. Po prostu. Ale chodzi nie tylko o życie osobiste. Za-

ufanie jest podstawą życia społecznego i wszelkich stosunków międzyludzkich. Kwestię tę rozpatrzyć możemy na dwóch płaszczyznach: pierwsza to: jak sprawić, by inni nam ufali, a druga: jak ufać innym. To jednak nie wszystko. W sumie doliczyłem się co najmniej trzech rodzajów zaufania. Są to:
- zaufanie do samego siebie,
- zaufanie do innych ludzi,
- zaufanie ludzi do mnie.

Zgodnie z definicją zaufanie do jakiegoś obiektu to wiedza lub wiara, że jego działania, przyszły stan lub własności okażą się zgodne z naszym życzeniem. W przypadku relacji międzyludzkich zaufanie dotyczy najczęściej uczciwości drugiej strony wobec nas.

Jest ono jedną z podstawowych więzi – zarówno w rodzinie, jak i grupach społecznych – i bywa szczególnie cenne w sytuacjach kryzysowych.

Zaufanie jest potrzebne właściwie w każdej dziedzinie: w pracy zawodowej, w życiu publicznym – także. Masz co do tego wątpliwości? To zupełnie naturalne, przecież życie uczy nas, że nie każdemu można ufać, że zaufanie komuś jest bardzo ryzykowne, że są ludzie, którzy tylko czekają, by nas oszukać, wykorzystać... A z drugiej strony ludzie są nieufni wobec nas, podejrzliwi, nie chcą być szczerzy.

W kontaktach z ludźmi obowiązuje zasada tak zwanego ograniczonego zaufania, margines bezpieczeństwa. Czy taka asekuracyjna postawa ułatwia nam życie?

Czy rzeczywiście jest wyrazem rozsądku? Niekoniecznie. Czasem rozsądniej jest zaufać, ale właśnie... zaufać rozsądnie. Zaufanie jest bowiem bardzo przydatną umiejętnością. Emocją, która jest niezbędnym składnikiem pełnej dojrzałej osobowości dorosłego i szczęśliwego człowieka. Towarzyszy nam na każdym kroku, chociażby podczas zakupów – bo ufamy np. że jedzenie, które wybieramy, jest zdrowe, smaczne itd. U lekarza, w autobusie czy w windzie także musimy zaufać innym ludziom i wierzyć, że zapewniają nam bezpieczeństwo. Z drugiej strony, gdy my jesteśmy sprzedawcami, pracodawcami, pracownikami, producentami, rodzicami – chcemy, by ufano naszym kompetencjom, intencjom i uczciwości.

Jak zatem ufać i jak być człowiekiem godnym zaufania?

Ale uwaga! Nie mylmy zaufania z nadzieją. Tak samo ważne i często uważane za jedno, w rzeczywistości się różnią. Nadzieja jest bierna, to wiara w siłę, która przychodzi z zewnątrz – pomoże nam, ochroni. Wierzymy, że wszystko dobrze się ułoży. Samo, bez naszego udziału.

Zaufanie jest aktywne, wypływa z twojego wnętrza. Owszem, Bóg/Los/Siła Wyższa mogą nam wskazać drogę, ale sami musimy nią pójść, pokonując trudności, a wśród nich największą: własny opór, lęki i przyzwyczajenia.

Ufasz sobie, że potrafisz coś zrobić, a jeśli myślisz, że możesz – zrobisz to!

A. Zaufanie do siebie

No właśnie…. Zacznijmy jednak od początku, czyli od zaufania do siebie samego, bo ono jest podstawą wszelkich innych jego rodzajów.

Otóż to: możesz, jeśli myślisz, że możesz. (Oczywiście jeśli jesteś wobec siebie szczery i uczciwy). Ta sentencja najlepiej oddaje istotę zaufania do siebie. W każdej dziedzinie życia. Gdy ufamy sobie: że potrafimy coś zrobić, odpowiednio postąpić w danej sytuacji, wybrnąć z kłopotu czy zjednać sobie ludzi – wówczas jesteśmy na najlepszej drodze, aby osiągnąć założone cele. Do każdego zadania, problemu, człowieka czy grupy podchodzimy wtedy ze spokojem, pewnością siebie i pogodą ducha.

Jesteśmy pewni swych możliwości, pełni pozytywnej energii, która przyciąga równie pozytywną energię – korzystne dla nas zdarzenia, życzliwie nastawionych ludzi, cele, które chcemy osiągnąć. Trzeba tylko skierować na nie całą uwagę, myśleć o nich intensywnie i z przekonaniem, że znajdują się w naszym zasięgu.

Myśli są jak żołnierze walczący w słusznej, czyli naszej, sprawie, pod kierunkiem najwybitniejszego wodza – naszego umysłu. To my nadajemy im kierunek, rodzaj, siłę i decydujemy, czy działają na naszą korzyść czy nie.

Zaufanie do siebie oznacza myślenie o sobie jako o człowieku, który potrafi zrobić to, co chce, może na sobie polegać i realizuje to, co sobie postanowi. Jest to widzenie siebie w roli zwycięzcy: osoby osiągającej sukcesy, niebojącej się porażek, a jeśli już się zdarzą – traktującej je jak kolejne szczeble drabiny sukcesu. To szanowanie siebie, czucie się osobą pogodną, szczęśliwą, lubianą przez ludzi i przede wszystkim – co zawsze idzie w parze z sympatią otoczenia – przez samego siebie. Osoba ufająca sobie jest pełna pozytywnej energii i zgodnie z prawami psychiki taką samą energię przyciąga. A ponieważ energia płynąca z naszych myśli i emocji ma wielką siłę sprawczą, przyciąga do nas pozytywne zdarzenia i ludzi również emanujących pozytywną energią.

Zasada jest prosta: jeśli myślimy o czymś z pozytywnym nastawieniem i silnym pragnieniem – przyciągamy to; jeśli się czegoś obawiamy lub o upragnionym celu myślimy, że pewnie nie uda nam się go osiągnąć – tak właśnie się stanie. Pozytyw przyciąga pozytyw, negatyw –

negatyw, wszystko jedno, czy to zgodne z prawami fizyki czy nie.

Jednym zdaniem: gdy mamy do siebie zaufanie, czyli wierzymy w siebie – życie wesprze nas w każdej sytuacji.

B. Człowiek godny zaufania

Jest uczciwy, honorowy, dotrzymujący słowa, prawdomówny, lojalny, czyli tak zwany porządny człowiek. Zaufaniem obdarzamy osobę, której wierzymy, że będzie nam dobrze doradzać, myśląc o nas, a nie o sobie. Człowiek godny zaufania dotrzymuje obietnic – jeśli mówi, że coś zrobi, robi to. Człowiek godny zaufania robi właściwe, dobre rzeczy, nawet jeśli inni robią złe rzeczy i namawiają go do tego samego. Czyli jest to człowiek z charakterem.

Czy możesz w tej chwili pomyśleć o kimś, kto jest takim właśnie człowiekiem, któremu ufasz bez zastrzeżeń? Komu możesz się zwierzyć, kto dotrzymuje obietnic. Masz kogoś takiego? Czy możesz potwierdzić to teraz przed samym sobą – bez wahania? Mam nadzieję, że tak. Jeśli nie masz takiej osoby, zastanów się, co może być przyczyną takiej sytuacji. Może powód jest w tobie? Dlatego tym bardziej powinieneś przemyśleć zagadnienia, które tu przedstawiam. A czy tobie można ufać? Pomyśl o tym.

Nie ma nic lepszego niż dobry wzór do naśladowania. Spędzaj dużo czasu z kimś, komu ufasz, komu także ufają inni; z kimś, kto twoim zdaniem jest godny zaufania. Zobacz, jaki jest, jak postępuje. Co sprawia, że jest tak wiarygodny. Warto też poznać sylwetki osób, które zapisały się w historii ludzkości jako godne zaufania.

Za chwilę poznasz konkretne wskazówki, które mogą pomóc ci stać się takim właśnie człowiekiem.

Przede wszystkim staraj się stale kontrolować swoje myśli:
- wypełniaj swój umysł pozytywnymi, dobrymi myślami i emocjami,
- negatywne myśli wyrzucaj, gdy tylko się pojawią, i zastępuj je dobrymi,
- staraj się unikać negatywnej energii: przygnę-

biających informacji, złych słów, toksycznych, tzw. dołujących cię ludzi, którzy sprawiają, że po spotkaniu z nimi czujesz się źle, niepewnie, nie w pełni wartościowy,
- otaczaj się ludźmi o pozytywnej energii, którzy cię wspierają, podtrzymują twoją pewność siebie, w których obecności dobrze się czujesz,
- wyrzuć ze swojego wewnętrznego słownika słowa typu: „nie mogę", „nie potrafię", „nie uda się",
- powtarzaj w myślach i na głos zdanie: „Potrafię to zrobić",
- wyobrażaj sobie siebie jako pogodnego, pełnego energii, lubianego przez ludzi człowieka,
- codziennie mów sobie: „jestem fajny", „lubię siebie", „zasługuję na to, co najlepsze",
- skupiaj całą uwagę na celu, który chcesz osiągnąć, wyobrażaj go sobie i myśl o nim jak najczęściej,
- zobacz w wyobraźni siebie osiągającego wymarzony cel: wyobraź sobie dokładnie, jak w tym momencie wyglądasz, co robisz i mówisz, jak się czujesz.

Możesz, jeśli myślisz, że możesz. Ufasz: sobie – że potrafisz, że możesz – i losowi, Bogu, życiu – że pomoże, że wesprze, dobrze podpowie; że działa na twoją korzyść. Ufasz, a więc słuchasz tych „podpowiedzi", tzw. wewnętrznego głosu (nazywamy go też intuicją). Spróbujmy się zastanowić, co towarzyszy zaufaniu, czyli – w efekcie – co składa się na sukces, udane życie, które osiągniesz dzięki zaufaniu do siebie.

Zastanów się nad poniższymi sugestiami.

AKTYWNOŚĆ – korzystaj z darów-szans, które otrzymujesz; działaj i sam stwarzaj okazje, możliwości, kreuj swoją rzeczywistość: znajduj, wyznaczaj własne cele i konsekwentnie je zdobywaj.

OTWARTOŚĆ – słuchaj podpowiedzi (intuicji, wewnętrznego głosu, życzliwych, mądrych ludzi); próbuj i ucz się nowych rzeczy, nie trzymaj się kurczowo przyzwyczajeń i nawyków, a także zawodów i zajęć, które nie przynoszą ci satysfakcji.

ODWAGA – idź swoją drogą, nie bój się nowości ani zmian, nie zniechęcaj się przeszkodami ani porażkami.

WYBACZENIE – wybaczaj sobie słabości i potknięcia, traktuj je jak kolejne stopnie w drodze do celu.

ZMIANA PROGRAMU – odetnij się od przeszłości, negatywnych zdarzeń i emocji; odrzuć myśli, nawyki i działania narzucone przez wychowanie, standardy obyczajowe, wydarzenia z dzieciństwa i obciążające cię przeżycia.

AKCEPTACJA – pokochaj siebie ze wszystkimi zaletami i słabościami; poczuj się atrakcyjną, pogodną, wartościową i pewną siebie osobą.

ZAUFANIE – uwierz, że możesz mieć to, czego chcesz, i być osobą, jaką chcesz być.

Zmiana wewnętrznego programu jest bardzo ważna w zdobyciu zaufania do siebie, a w efekcie – w osiągnięciu życiowych celów i sukcesów.

I takie właśnie zadanie cię czeka, abyś mógł osiągnąć w życiu zamierzone cele.

Ale najpierw pomyślmy, co zamierzamy osiągnąć, czyli czym ma się przejawiać nasza wiarygodność, jakim człowiekiem godnym zaufania chcemy być.

A zatem – tak jak w niemal każdym życiowym działaniu – i tutaj wyznaczamy sobie konkretny cel, by potem dążąc do niego, ciągle mieć go przed oczami, by widzieć oczami wyobraźni wymarzony efekt, siebie jako osobę godną zaufania. Ta ekscytująca wizja, przyjemna i kusząca, będzie podtrzymywać nas w działaniu, doda nam sił w trudniejszych momentach. Tak działa siła wizualizacji.

Cel musi być jasny i precyzyjny, musimy go wyraźnie zobaczyć.

Przeczytałem wiele lat temu, że należy mieć autowizerunek – słowo brzmi niezbyt przyjaźnie, ale w praktyce sprawa jest dość oczywista.

Brian Tracy wyjaśnia to pojęcie dokładnie w swojej książce zatytułowanej *Maksimum osiągnięć*. Ujmując to najprościej – autowizerunek jest naszym wymyślonym wizerunkiem, wewnętrznym obrazem osoby, jaką chcielibyśmy być. Jednym słowem: to nasza wymarzona postać. Wymarzona, ale możliwa do osiągnięcia.

Aby stać się osobą ze swojego wymarzonego wizerunku, czyli ożywić autowizerunek, powinniśmy zmienić swój wewnętrzny program: sposób myślenia, działania, reagowania, odczuwania. Tak – odczuwania, bo panowanie nad własnymi emocjami i uczuciami to podstawa świadomego życia. I jest to możliwe.

No właśnie – to, jak odbieramy różne wydarzenia i zachowania ludzi, zależy od nas samych. To my kreujemy naszą rzeczywistość, czujemy radość, smutek lub złość. Nikt nam nie może narzucić żadnej emocji ani uczucia. Gdy nauczymy się kontrolować własne myśli i emocje, które im towarzyszą, staniemy się tą osobą, którą chcemy być: pogodną, atrakcyjną, pewną siebie. Szczęśliwą! Osobą, która MA DO SIEBIE ZAUFANIE.

Zmiana autowizerunku, wewnętrzne „przeprogramowanie", wiąże się z nabyciem zaufania do siebie. Zaufanie do siebie to po prostu jedna z cech, elementów naszego wizerunku, którą powinniśmy w sobie wykształcić.

A więc to, że UFAM SOBIE, oznacza:

- akceptuję siebie,
- podobam się sobie,
- szanuję siebie,
- mam jasne, określone cele,
- jestem pewny siebie: swoich umiejętności, wartości, siły i woli,
- kocham siebie.

Rozdział 2

Zaufanie w różnych dziedzinach życia

Zaufanie to przewidywanie pozytywnych dla nas efektów działań innych ludzi, wiara w ich dobre intencje, oczekiwanie, że dotrzymają obietnic.

Zaufanie ma wiele twarzy – w zależności od rodzaju działalności, z jaką jest związane. Niezależnie jednak od tego, jakiej sfery życia dotyczy, ma jedną bardzo istotną cechę: wymaga wzajemności. Jednostronne zaufanie nie ma przyszłości. Podobnie jest z brakiem zaufania. Nie znaczy to, że ufać należy każdemu i w każdej sytuacji, ale bez wzajemnego zaufania na dłuższą metę nie można stworzyć żadnej zdrowej, trwałej relacji: ani osobistej, ani zawodowej, ani społecznej. Nieufność jest powodem wielu złych decyzji, wstrzymuje rozwój, zarówno jednostki, jak i całych społeczeństw. Skutkiem braku zaufania są pesymizm, podejrzliwość, negatywne nastawienie ludzi do siebie, a także poczucie, że nie mamy wpływu na politykę i gospodarkę naszego kraju.

Mówiąc najprościej: zaufanie jest ważne i w miłości, i w gospodarce. Stanowi istotny element kapitału społecznego, bez którego niemożliwy jest rozwój demokracji ani budowanie kapitalizmu.

Jego znaczenie podkreślił m.in. słynny amerykański ekonomista, politolog i filozof polityczny, Fukuyama. Zaufanie to jedyna droga do wzrostu dobrobytu społecznego i rozwoju demokracji. Nieprzypadkowo Szwecja należy do krajów o najwyższym poziomie zaufania. Dla odmiany Polskę charakteryzuje jego bardzo niski poziom. A dotyczy to zwłaszcza elit rządzących i przedstawicieli biznesu. Jak wykazują badania, w porównaniu z mieszkańcami innych państw Unii Europejskiej Polacy są dość mocno nieufni w stosunku do siebie nawzajem. Tylko 22% obywateli uważa, że większości ludzi można ufać. Jednak zaufanie do bliskich, do rodziny, jest w Polsce stosunkowo wysokie.

A. Zarządzanie przez zaufanie

Taka diagnoza jest szczególnie istotna w pracy zawodowej czy, mówiąc ogólnie, w życiu publicznym. Sfera ta kojarzy się raczej z kontrolą niż ufnością w uczciwość i szczerość intencji ludzi. A jednak! Powstała nawet metoda zarządzania oparta na zaufaniu. Określa się ją jako „zarządzanie przez zaufanie" – z angielskiego: *trust management, management by trust*. Jest to zbiór działań związanych z kreowaniem systemów i metod, które pozwalają uzależnionym jednostkom dokonywać ocen i decyzji odnoszących się do niezawodności potencjalnych operacji zawierających ryzyko.

Świadome i ukierunkowane budowanie zaufania to kluczowy element strategii zarządzania zaufaniem. W zarządzaniu przez zaufanie istotne są dwa założenia:
- Brak zaufania i podejrzliwość są niejednokrotnie uzasadnione, gdyż w organizacjach rywalizujących i często pozostających w kręgu oddziaływań politycznych zaufanie nieod-

powiedniemu obiektowi może się okazać dramatyczne w skutkach.
- W potencjalnie niepewnym, niebezpiecznym, ryzykownym otoczeniu trzeba być doskonale zorientowanym w tym, komu można ufać, komu nie i w jakich warunkach można to uczynić.

Ważne jest rozumienie konieczności dostrzegania zagrożeń. W zarządzaniu przez zaufanie nie chodzi o to, żeby nie ufać, lecz aby decydować o tym, w jakim stopniu ufać i jak budować zaufanie.

B. Zaufanie a wychowanie

Umiejętność wzbudzania zaufania w innych, a także zdolność do ufania innym ludziom jest ważnym elementem budującym dojrzałą osobowość. Stanowi bowiem podstawę kontaktów międzyludzkich. Aby kontakty te były właściwie, trzeba uczyć się ich od najmłodszych lat. Dlatego w wychowaniu dziecka istotne jest wykształcenie w nim właściwych reakcji i zachowań dotyczących zaufania. Naturalnie najważniejszy jest własny przykład, ale warto również przeprowadzić z dzieckiem swobodną rozmowę na ten temat. Gdy ma siedem, osiem lat, zrozumie, że jeśli komuś ufamy, pozwalamy mu na więcej. Zapytaj je, czy można mu ufać – to znaczy: czy możemy być pewni, że zrobi dobrą rzecz, nawet jeśli nikt nie będzie go pilnował; czy gdy coś obieca – mamie, babci, wychowawczyni w szkole – to dotrzyma słowa. Mały człowiek na pewno weźmie sobie do serca taką rozmowę i będzie cenił w sobie to, że jest godny zaufania.

Warto być człowiekiem godnym zaufania – w pracy, przyjaźni, rodzinie i w związku – bo wtedy łatwiej nam jest porozumiewać się z ludźmi, a przecież żyjemy wśród ludzi i z ludźmi. To jednak musi działać w dwie strony – my również powinniśmy im ufać.

Leonardo da Vinci twierdził, że kto nigdy nie ufa, będzie oszukany – czyli zupełnie przeciwnie, niż uważa wielu z nas – zwykle bowiem słyszymy rady, żeby nie ufać ludziom – nie ufać właśnie po to, by nie dać się oszukać. A tu? Proszę! Nie ufasz – a więc można cię oszukać. Słynnemu renesansowemu artyście i myślicielowi można wierzyć – swój sąd opierał na życiowym doświadczeniu. I zdawał sobie sprawę z praktycznego zastosowania tej cechy. Jego spostrzeżenia potwierdza współczesna psychologia. Z badań na temat przesądów związanych z zaufaniem wynika, że ludzie ufni wcale nie są bardziej lekkomyślni i nie jest łatwiej ich oszukać niż tych, którzy są raczej nieufni w stosunku do świata i życia.

Okazuje się, że łatwiej jest zaufać tym, którzy sami skłonni są ufać innym. A ci, którzy są bardziej nieufni, doznają częściej zawodu i niepowodzenia. W psychologii takie zjawisko nazywa się samospełniającym się proroctwem.

Warto więc podarować innym trochę zaufania, nie tyle ze względu na nich, ale przede wszystkim ze względu na siebie, by czuć się komfortowo w kontaktach z ludźmi i żyć swobodniej bez wiecznej czujności „na pewno ktoś chce mnie oszukać". Nie musi tak być. Możemy tak przeorganizować swoje myślenie o innych, by zdecydować, czy ufamy komuś czy nie, i precyzyjnie to zdiagnozować. Dla własnego dobra.

A zatem – zaufanie to trudna, ale bardzo przydatna sztuka.

Już Napoleon Bonaparte zdawał sobie sprawę, że „handel istnieje tylko dzięki zaufaniu".

Rozdział 3

Tak ważne, a tak kruche...

Pamiętajmy jednak, że tzw. ślepe zaufanie jest równie niedobre jak brak zaufania. Podejmując ważne decyzje, np. dotyczące ulokowania życiowych oszczędności czy kupienia mieszkania, musimy poświęcić temu znacznie więcej czasu i pracy niż zwykłym zakupom. Bierzmy zawsze pod uwagę, że instytucja, która oferuje nam jakąś superokazję czy promocję, też musi na tej transakcji zarobić. Gdy zatem ktoś proponuje nam lokatę z rocznym oprocentowaniem 20% albo niespotykanie tanią egzotyczną wycieczkę – zastanówmy się, zanim w to wejdziemy. Sprawdźmy wiarygodność sprzedawcy (w dobie Internetu to naprawdę proste), przejrzyjmy i porównajmy inne oferty, poradźmy się znajomych i ludzi z branży.

Nie mylmy zaufania z naiwnością. Jak odróżnić rozsądne zaufanie od naiwności? Przede wszystkim należy dostrzec przesłanki do tego, że ktoś jest godny zaufania. W przeciwnym razie można się bardzo rozczarować.

Zaufanie jest zatem bardzo cenionym, ale i kruchym przymiotem. Trzeba bardzo o nie dbać, bo zdarza się, że mozolnie i długo budowane – traci się w jednej chwili, przez jeden błąd. Zaufanie musi być więc pielęgnowane.

Jak być godnym zaufania? Tu przede wszystkim liczą się czyny – musimy po prostu postępować uczciwie, nie możemy zawieść tych, na których zaufaniu nam zależy. Nie bez powodu mówi się, że wartość człowieka określa to, na ile można mu zaufać. Lojalność – to cecha określająca do pewnego stopnia zaufanie. Jeśli można ci ufać, stajesz się wiarygodnym współpracownikiem, kolegą, sąsiadem, pracodawcą.

A. Test zaufania

Wyobraź sobie, że sąsiad wyjeżdża na kilka tygodni i na ten czas daje ci klucze od swojego domu, prosząc, byś zadbał o jego kwiaty, przypilnował dobytku i zatroszczył się o zostawionego w domu kota. Sąsiad wraca – kwiaty uschnięte. Tłumaczysz się: niespodziewanie przyjechał mały bratanek i zgubił klucz od domu sąsiada, więc nie mogłeś podlać kwiatów. No dobrze, ale to cię nie usprawiedliwia – przecież mogłeś zapobiec tej sytuacji, zabezpieczyć klucz przed dzieckiem... No tak, mogłeś, ale tego nie zrobiłeś. Potem wychodzi na jaw, że skłamałeś: żadnego bratanka nie było, a ty po prostu zapomniałeś o podlewaniu kwiatów, zapodziałeś klucz i wymyśliłeś historyjkę o dziecku, by się jakoś wytłumaczyć. Czy potem ten sam sąsiad pomoże tobie? Nie, bo nie można ci zaufać.

B. Człowiek sukcesu to człowiek ufny

Bez zaufania nie dojdziemy do niczego. Jest ono podstawą rozwiązywania naszych życiowych problemów, a to z kolei pozwala nam cieszyć się życiem i utrzymywać jego wysoką jakość. Zastanów się, czy kiedykolwiek udało ci się odnieść długotrwały sukces, nie opierając się na zaufaniu. Jestem pewien, że nie. Podstawą jest oczywiście ufanie sobie – własnym wyborom, intuicji, kompetencjom – wszystkim tym umiejętnościom, które przydają się w życiu, jak to się kiedyś mówiło: osobistym i zawodowym. Jednak ufanie innym to pewne ryzyko – bez niego jednak nie ma sukcesu. No dobrze, zgadzam się – możesz pomyśleć: „ale jak zaufać?". Na jakiej podstawie uwierzyć, że można polegać na drugim człowieku? Jak zaryzykować? Skąd wziąć to zaufanie? To dobre pytanie. Odpowiedź jest prosta, jednak na zastosowanie jej w praktyce potrzeba trochę czasu.

Otóż jestem przekonany, że przyczyną wszystkiego jest nasze postanowienie, chęć zrobienia czegoś lub bycia kimś. Tak więc powiedzenie „wystarczy chcieć" nie jest jedynie pozbawionym treści banałem. Tak – wystarczy, że mocno postanowisz, że chcesz zaufać.

Oczywiście nie oznacza to, że od razu zaufasz – w ten sposób jedynie uruchomisz proces budowania zaufania, myśli nie pojawiają się bowiem ot, tak, po prostu, same z siebie – tylko my możemy o tym zadecydować (nawet jeśli jest to decyzja nieświadoma).

Postanowieniem, które można porównać do nasionka, dajemy impuls, rozkaz naszej podświadomości; rozpoczęliśmy proces kształtowania się rośliny, czyli zaufania.

Ludzka myśl jest więc nasionkiem, od którego wszystko bierze swój początek – potem trzeba je pieczołowicie rozwijać, pielęgnować i krok po kroku dochodzić do celu.

Zaufanie towarzyszy nam w życiu codziennym, nawet jeśli czasem nie jesteśmy tego świadomi. Są osoby, które mimo okazywanego ludziom zaufania (a przynajmniej tym osobom wydawało się, że ufały innym) nie mają najlepszych doświadczeń z tym związanych. Czują zawód, mają wrażenie, że życie pokazało im figę. A może te doświadczenia nie były takie złe? Może były to wskazówki dotyczące dalszego rozwoju? Może to była cenna lekcja – komu ufać, a komu nie.

☼

Rozdział 4

Ciemniejsza strona zaufania

A. Manipulacja

W zasadzie wszystkie relacje – zarówno w biznesie, jak i w życiu osobistym – możemy sprowadzić do mechanizmu typu kupno–sprzedaż. Wyobraźmy sobie świetnego sprzedawcę. Jeśli chce ci sprzedać – jak to się mówi: wcisnąć – towar dobry, ale zupełnie niepotrzebny i w tym celu przekonuje cię, że bardzo tego czegoś potrzebujesz, mamy do czynienia z manipulacją. Gdy posługując się równie skutecznymi technikami, sprzedawca przekonuje cię do kupna złego, bezwartościowego lub uszkodzonego towaru – to zwykłe oszustwo. Natomiast jeśli sprzedawca, równie umiejętnie jak w dwóch poprzednich przypadkach, wzbudza twoje zaufanie i dobrze ci doradza, pomagając wybrać najlepszy dla ciebie towar – mamy do czynienia z właściwym zastosowaniem zaufania w sprzedaży. Taki sprzedawca jest **wiarygodny**.

B. Kultura zaufania

Komu zatem można ufać? Zanim zaufasz komuś, przyjrzyj się, jak żyje, jak pracuje. To bardzo ważne, by ustalić, czy ten ktoś ma szczere intencje, bo właśnie zdobycie zaufania to pierwszy, główny cel wszelkiego rodzaju oszustw, co zresztą jest kolejnym dowodem na to, że zaufanie stanowi podstawę kontaktów międzyludzkich. Z drugiej jednak strony można powiedzieć, że obecnie żyjemy w tzw. kulturze zaufania, czyli że stosunki międzyludzkie, społeczne, opierają się na zaufaniu, nawet jeśli nie do końca zdajemy sobie z tego sprawę.

Kultura zaufania wyróżnia trzy rodzaje oczekiwań:
- **opiekuńcze** – liczenie na stałą, bezinteresowną pomoc innych ludzi; oczekiwanie, że inni będą nastawieni do nas altruistycznie, zawsze

skłonni okazać nam swoje wsparcie w trudnych chwilach,
- **aksjologiczne** – liczenie na takie cechy innych ludzi, jak: sprawiedliwość, odpowiedzialność, uczciwość,
- **efektywnościowe** – oczekiwanie, że partnerzy zachowują się w sposób instrumentalny.

Istnieje także tzw. kultura nieufności, która jest przeciwieństwem kultury zaufania. W jej przypadku panuje przekonanie, że ludzie są egoistycznie nastawieni do innych i kierują się w swych działaniach przede wszystkim własnym interesem.

Kwestia ta stała się przedmiotem zainteresowania socjologów, choć dopiero w latach siedemdziesiątych ubiegłego wieku. Z punktu widzenia socjologii kwestia zaufania sprowadza się do swego rodzaju zakładu – polegającego na wybraniu najkorzystniejszej dla danej jednostki możliwości z nadzieją, że wybór się opłaci. To budzi skojarzenia z ekonomią – tu również trzeba nieraz zaryzykować, by zyskać.

Zachowania społeczne są również obarczone pewnym ryzykiem, np. wybierając się na podróż do Hiszpanii z danym biurem podróży, mamy nadzieję, że wrócimy z wakacji zadowoleni; kupując choćby pasztet, musimy ufać, że do jego wyrobu użyto pełnowartościowych składników, tak jak zapewnia producent w opisie na etykiecie. Takie ryzyko podejmujemy codziennie, przykłady można mnożyć. Dlatego ufać trzeba.

Ale – jak twierdzi pisarz Carlo Frabetti – „tylko ten, kto ma odwagę mówić to, co myśli, zasługuje na pełne zaufanie". Być może człowiek taki wyrazi się czasem niezręcznie, a nawet niegrzecznie, ale nie będzie mnie oszukiwał.

W społeczeństwie wyróżniamy kilka grup zaufania. Pierwsza to zaufanie osobiste, czyli krąg najbliższych nam osób, które nie powinny życzyć nam źle – rodzina, przyjaciele, znajomi.

Druga grupa to ludzie piastujący określone funkcje społeczne, przedstawiciele zawodów cieszących się poważaniem społecznym, np. adwokat, lekarz czy nauczyciel na wstępie otrzymuje od nas pewien kredyt zaufania, wierzymy w jego uczciwość i kompetencje, chęć pomocy.

Kolejną grupą są rzeczy obdarzone tzw. zaufaniem technologicznym. Są to towary, które z racji występowania pod pewną marką są traktowane jako lepsze niż te same, ale pod innym szyldem. Takie zaufanie wzmacniane jest jeszcze przez reklamę.

Ludzie odczuwają również zaufanie technologiczne, czyli skierowane do różnych złożonych systemów technologicznych, którymi przesiąkła nasza codzienność – jak choćby wszystko związane z komputerami. Coraz więcej zadań za ludzi wykonują maszyny, co jest miernikiem rozwoju cywilizacyjnego, ale i pewnym zagrożeniem związanym z uzależnieniem życia od maszyn.

Ostatni rodzaj to tzw. zaufanie instytucjonalne , czyli dobre nastawienie do pewnych instytucji, które z racji swoich doświadczeń i długiej tradycji są postrzegane jako przyjazne obywatelowi. Można do tej kategorii zaliczyć np. określoną uczelnię albo bank.

Rozdział 5

Tak jest między nami

Rodzina, przyjaciele, współpracownicy, sąsiedzi, bliżsi i dalsi znajomi – ludzie stanowią znaczną część naszej rzeczywistości: zdarzeń, myśli i uczuć. Dlatego to, jak układają się nasze relacje z nimi, ma dla nas ogromne znaczenie. Od dobrych lub nie najlepszych relacji z ludźmi zależy nie tylko nasze życie osobiste, ale także sukcesy zawodowe i szczęście w ogólnym znaczeniu. Wciąż wiele jest osób samotnych i nieszczęśliwych, rozpadają się związki… Zapytasz: „co to ma wspólnego z zaufaniem?". Bardzo wiele. Jak już pisałem, zaufanie to podstawa, bez której nie można stworzyć żadnej trwałej relacji.

A. Miłość, przyjaźń, zaufanie

Wyobraźmy sobie na przykład rodzinę, w której żona nie ufa mężowi. Nieważne są tu przyczyny – złe doświadczenia z przeszłości, zaniżone poczucie własnej wartości, tzw. grzechy młodości małżonka czy „życzliwe" podszepty znajomych.

Efekt? Każde wyjście z domu, późniejszy powrót z pracy, „tajemniczy" telefon czy SMS, o służbowych kolacjach i wyjazdach nie mówiąc, wywołują ciąg frustracji i podejrzeń manifestowanych złym humorem partnerki, „podchwytliwymi" pytaniami czy, co gorsza, sprawdzaniem wiarygodności partnera w innych źródłach, np. u kolegów z pracy, albo kontrolowaniem go tzw. trzymaniem na krótkiej smyczy (nieustanne telefony, sprawdzanie, gdzie jest i co robi). Niewiele ma to wspólnego z miłością, bo jej podstawą jest zaufanie. A że wszystkiego sprawdzić się nie da, pozory często mylą, a rzeczywistość jest taka, jaką ją sami stwarzamy – związek bardzo szybko zamieni się w koszmar. Dla obu stron.

Tym bardziej że czarne scenariusze lubią się sprawdzać, negatywne myśli i emocje przyciągają negatywne wydarzenia, działa tu więc tzw. samospełniające się proroctwo. Mówiąc najprościej – nasze wyobrażenia mogą nabrać całkiem realnych kształtów, zwłaszcza że nikt nie lubi być podejrzewany bez powodu. W ten sposób z najbardziej niewinnego człowieka można zrobić winowajcę.

Niełatwo też czuć się pod kontrolą i presją niezadowolenia partnera. A poczucie winy, które bywa wywoływane u współmałżonka jako „utajnione" narzędzie kontroli („muszę wrócić do domu o 20.00, bo ona będzie nieszczęśliwa", „muszę dziś posprzątać piwnicę, bo inaczej ona zrobi to sama i będzie ją bolał kręgosłup"), to najbardziej destrukcyjne z uczuć i wzbudzanie go u partnera jest zaprzeczeniem miłości (poza miłością własną, oczywiście).

Podobnie nie powinno się próbować zmieniać partnera, bo w ten sposób mówimy mu, że jest zbyt mało wart, podważamy jego pewność i zaufanie do siebie.

A co się dzieje, jeśli wątpimy w uczciwość i tzw. przyzwoitość partnera, i mamy do tego powody? Jak można żyć z kimś takim pod jednym dachem, dzielić osobiste i rodzinne tajemnice, mieć wspólny dom, konto i wspólne dzieci?

W dobrym związku oboje partnerzy powinni czuć się pewnie i bezpiecznie.

Zasadą powinno być spodziewanie się po partnerze najlepszych rzeczy, a najpiękniejszym wyznaniem miłości są słowa: „kocham cię i ufam ci". O miłości świadczy też zaangażowanie w rozwój potencjału partnera i umacnianie jego wiary w siebie. Taką definicję stworzył W. Scott Peck: „Miłość to całkowite zaangażowanie w rozwój potencjału drugiej osoby. Kochająca osoba powinna podkreślać, że wierzy w partnera i zrealizowanie jego celów. Wzajemne wsparcie i umacnianie zaufania do siebie są największym darem i dowodem miłości".

Bez zaufania niemożliwa jest też prawdziwa przyjaźń. Nawet w definicji przyjaźni występuje słowo „zaufanie". Jak pisze Argyle w *Psycholo-*

gii stosunków międzyludzkich – „przyjaciele to osoby zaufane. Przyjaźń rządzi się swoimi regułami, a ich złamanie grozi utratą przyjaciół".

Najistotniejszą rolę odgrywają reguły związane z zaufaniem:
- dotrzymywanie tajemnic,
- brak wzajemnego publicznego krytykowania,
- trzymanie strony przyjaciela pod jego nieobecność.

Bliskie przyjaźnie, podobnie jak miłość, są związkami społecznymi, w których ważne są idee wspólnoty, lojalności i dbałości o dobro drugiej osoby.

W badaniach przeprowadzonych przez Argyle'a i Hendersona za najważniejsze powody zerwania przyjaźni i złamanie obowiązujących w przyjaźni reguł uznano:
- omawianie z innymi osobami powierzonych sobie przez przyjaciół sekretów,
- niewiarę lub brak zaufania do siebie nawzajem,
- publiczną krytykę przyjaciela,
- nieokazywanie emocjonalnego wsparcia.

Zastanów się zatem, czy jesteś godny zaufania. W Internecie można znaleźć wiele testów sprawdzających to. Testy sprawdzające zaufanie bardzo przydają się także w sferze zawodowej. Pracodawca może skorzystać z gotowych zestawów pytań, z których dowie się – przynajmniej w ogólnym zarysie – czy może zaufać swojemu pracownikowi.

Warto przemyśleć tę sprawę, zanim powierzy się komuś stanowisko.

Tylko komuś, komu w pełni ufamy, możemy powierzyć siebie, swoje interesy i życie. Tylko przed taką osobą możemy się w pełni otworzyć bez obawy, że nas źle oceni lub – co gorsza – wykorzysta nasze uczucia, pomysły i umiejętności. Ale bez tej otwartości, bez możliwości zawierzenia drugiej osobie, nie jest możliwy ani naprawdę bliski związek osobisty – przyjaźń, miłość – ani współpraca zawodowa czy jakiekolwiek wspólne działania, np. twórcze lub artystyczne.

B. Jak ufać, jak być godnym zaufania – praktyczne rady

Zatem: ufać czy nie ufać? Oczywiście – ufać, ale... z pewną dozą ostrożności. I starać się wzbudzać zaufanie, a potem stale je pielęgnować. To ogromnie ważne. A że inni ludzie również mogą do nas podchodzić z „pewną dozą ostrożności", czasem nawet całkiem dużą, np. gdy wcześniej się na kimś zawiedli lub są z natury nieufni, powinniśmy ich zachęcić, przekonać, że można nam zaufać. Ba, łatwo powiedzieć... Ale jak to zrobić? Najlepiej skorzystać z dobrych wzorców. Przeanalizujmy przyczyny, ustalmy, co sprawia, że ludzie przyciągają do siebie innych, że są lubiani i wiarygodni.

Doświadczenie uczy, że równie często jesteśmy skłonni do zaufania, jak i podejrzliwi w stosunku do ludzi i rzeczy. Decydują o tym indywidualne cechy psychologiczne, ale także pewne reguły kulturowe. To, czy wyznajemy „kulturę zaufania" czy „kulturę nieufności", może mieć wpływ na funkcjonowanie społeczeństwa.

Zaufanie jest korzystne zarówno dla osoby, która nim obdarza, jak i dla osoby, która jest nim obdarzana. Jeśli komuś ufamy, działamy swobodniej, nie mamy paraliżujących obaw, nie musimy nikogo kontrolować ani upewniać się. A osoba, której się ufa, wolna jest od stresującego ją ciągłego sprawdzania czy kontrolowania. Należy jednak pamiętać, że ufać można tylko osobie, która jest tego godna – czyli takiej, która dotrzymuje słowa, jest uczciwa i tak dalej. Musimy więc dobrze ulokować swoje zaufanie. Takie rozgraniczenie jest istotne, bo ufności nie można mylić z naiwnością – absolutnie cię do tego nie namawiam – i należy zdać sobie sprawę, że wokół nas są osoby w ogóle zaufania niegodne. Należy je zidentyfikować i jeśli nie można unikać kontaktów z nimi, to trzeba ustalić sposób postępowania z nimi (dotyczy to też rzeczy czy instytucji). Relacje z nimi powinny opierać się na... całkowitej nieufności. To również może przynieść obopólne korzyści. Nie ufając, unikamy bowiem rozczarowań, zwiększamy czujność, zabezpieczamy się przed zagrożeniem.

A osoba, którą określiliśmy jako niegodną zaufania i tak ją traktujemy, być może dzięki temu poprawi swoje postępowanie i z czasem zmieni się na tyle, że będzie można jej zaufać.

Istotnym czynnikiem sprawiającym, że ludzie się lubią i sobie ufają, jest podobieństwo. Ludzie lubią osoby o podobnych postawach, przekonaniach, systemie wartości, pochodzeniu, zainteresowaniach, zawodzie i sposobie spędzania wolnego czasu. Bardzo zbliża też przynależność do tej samej organizacji, klubu czy kościoła. Ważne jest także to, w jaki sposób oceniamy innych ludzi. Im bardziej podobne kryteria oceny (np. cenimy mądrych a nie ładnych, prostolinijnych, a nie sprytnych), tym człowiek wydaje nam się bliższy. Co ciekawe – podobne osobowości nie przyciągają się tak silnie jak ludzie o podobnych zainteresowaniach, a w ogóle większe znaczenie ma brak podobieństwa – jest to tzw. hipoteza odpychania. Negatywne odczucia działają silniej niż pozytywne, łatwiej zniechęcić swoją odmiennością niż przyciągnąć podobieństwem.

I co z tego wynika? Można powiedzieć, że ciągnie nas do swoich. Lubimy i jesteśmy skłonni obdarzyć zaufaniem ludzi, których za „swoich" uważamy.

Oczywiście nie chodzi o to, żeby udawać lustrzane odbicie osoby, której sympatię i zaufanie chcemy zdobyć, nagle zmieniać system wartości, hobby czy religię. Chodzi o znalezienie i umiejętne podkreślenie podobieństw przy jednoczesnym łagodzeniu różnic. Może nie zawsze warto wdawać się w wojnę do ostatniej krwi z powodu innych poglądów czy upodobań, jeśli więcej pożytku i radości przyniesie nam zaufanie tej osoby. A co do wspólnego hobby – choć jak mówiłem, nic na siłę, zawsze wzbudzimy zaufanie, gdy będziemy otwarci na innych ludzi, na ich poglądy i zainteresowania; gdy zamiast opowiadać o swoich wyczynach, skupimy się z życzliwą uwagą na tym, co inni mają nam do powiedzenia. Zainteresowanie okazywane drugiemu człowiekowi jest kluczem do wzbudzenia zaufania. Oczywiście pod warunkiem, że opowieści, a zwłaszcza tajemnice, które nam powierzy, zachowamy dla siebie.

Podobieństwo zbliża, brak podobieństwa odpycha.

Kolejnym czynnikiem przyciągającym do nas drugą osobę jest zaspokajanie jej potrzeb. Zrobiono kiedyś badania w zakładzie poprawczym dla dziewcząt. Najbardziej lubiane i budzące zaufanie okazały się te dziewczyny, które chroniły inne osadzone i im pomagały.

Zaufaniem obdarzamy osoby życzliwe, które nas wspierają. Nie budzą zaufania ludzie dominujący, agresywni, skupieni na zaspokajaniu własnych potrzeb i wymagający tego od innych.

Ludzie zaczynają mieć zaufanie do innych, gdy mogą się przed nimi bezpiecznie otworzyć: są pewni, że druga osoba nie odrzuci ich ani nie wyśmieje, że nie wykorzysta ich wyznań dla zdobycia nad nimi kontroli lub przewagi i nie przekaże ich tajemnic osobom trzecim.

Uczucia działają na zasadzie sprzężenia zwrotnego. Zwykle lubimy tych, którzy nas lubią, którzy okazują nam zainteresowanie i zrozumienie.

Zaufanie wiąże się ze wspólnymi sprawami, które łączą ludzi. Przyjaciele, pary małżeńskie, współpracownicy mają swój wspólny świat: zajęcia, cele i marzenia, problemy i radości codziennego życia. Jak pisze Argyle: „wspólne spędzanie wolnego czasu łączy ludzi we wzajemnie podtrzymujące się sieci, przynależność towarzyska zaś dostarcza wsparcia społecznego".

Wciągając w nasz świat drugą osobę lub tworząc z nią coś wspólnego, otwieramy się, ujawniamy nasze myśli, plany i marzenia. Działamy razem, wzajemnie się wspieramy, gramy do jednej bramki. To buduje i umacnia zaufanie. A zaufanie jest pochodną wspólnego działania.

Budowanie zaufania to długotrwały i skomplikowany proces, zwłaszcza że pod wpływem negatywnych czynników w bardzo krótkim czasie można je stracić. Jednocześnie jednak uważa się, że w miarę kolejnych pozytywnych doświadczeń zaufanie się umacnia i niełatwo je wtedy podważyć.

Z pewnością im relacja krócej trwa, im jest nowsza, tym zaufanie będzie bardziej kruche. Utrwala się bowiem z upływem czasu, wraz z rozwojem i zacieśnianiem znajomości. Jak to się mówi –

sprawdza się w boju. Ale już wiemy, że bez zaufania nie stworzymy żadnej trwałej relacji.

Jak je zatem budować? Zaufanie ma swoich sprzymierzeńców i przeciwników, którzy pomagają lub przeszkadzają w jego narodzeniu i rozkwicie. Sprzymierzeńcami zaufania są: kompetencja, życzliwość, otwartość.

Na niekorzyść działają:
- niewystarczające wsparcie „sprzymierzeńców", czyli niedostateczne kompetencje, brak otwartości i życzliwości,
- niepewność, brak wiary w siebie,
- oparta na błędnych przypuszczeniach ocena partnera i sytuacji.

Ważnym elementem w budowaniu zaufania jest tzw. ryzyko sytuacyjne, również podlegające naszej subiektywnej ocenie. Gdy ryzyko postrzegamy jako małe, nasze zaufanie rośnie; przy wysokiej ocenie stopnia ryzyka trudno nam będzie zaufać partnerowi, wejść w relację osobistą lub biznesową.

Istnieje jednak i druga strona medalu: w ryzykownej sytuacji zaufanie działa jak panaceum, pomaga nam radzić sobie z ryzykiem. Jak stwierdził Robert Mayer, prawnik i zawodowy mediator, do którego klientów należą rządy, potężne korporacje, gwiazdy mediów i sportu: „ludzie najpierw kupują zaufanie, a potem idee".

Argumenty nie działają na uczucia, choćby były najmocniejsze i logiczne. Najważniejsze, żeby ludzie czuli się z nami dobrze, i uważali za wiarygodne to, co mówimy. Ufali, że nie chodzi nam tylko o to, by osiągnąć cel.

Obdarzenie kogoś zaufaniem oznacza, że ta osoba jest według nas uczciwa, że dba nie tylko o własne interesy, ale troszczy się też o dobro innych: jest szczera, dotrzymuje danego słowa, zobowiązań i terminów, potrafi dochować sekretu.

Zatem jeśli chcemy wzbudzać zaufanie, również musimy spełniać te warunki. I grać w otwarte karty. I tu powstaje pytanie – co zrobić, żeby inni nam uwierzyli?

Aby zdobyć zaufanie:
- bądź uczciwy i szczery, także wobec siebie,
- zawsze dotrzymuj danego słowa, zobowiązań i terminów,

- dochowuj sekretów,
- dbaj nie tylko o własne interesy, troszcz się też o dobro innych.

Bardzo ważne jest to, jakie wrażenie robisz na drugim człowieku. Można by zaryzykować stwierdzenie, że w przypadku zaufania ważniejsza jest forma niż treść. No, na pewno równie ważna. Potwierdzają to badania „New York Timesa", z których wynika, że ponad połowa Amerykanów wierzy w wypowiedzi lokalnych prezenterów telewizyjnych, natomiast dziennikarzom prasowym, choćby pisali dokładnie to samo, co mówią w telewizji, ufa tylko jedna trzecia badanych. Wniosek? Zaufanie wiąże się z bezpośrednim kontaktem – z tym, jakie wrażenie robimy na słuchaczu, co może wyczytać z naszej twarzy i gestów.

A tak to ujął Robert Mayer: „Jesteś czymś więcej niż tylko głosem płynącym z głośnika. To ty, żywy, oddychający, przyciągasz uwagę zainteresowanych, masz możliwość nawiązywać kontakt z ludźmi. Stworzyć w nich doznanie wygody, wiarygodności i zaufania".

W uzupełnieniu Mayer podaje przykład osoby, która przyciąga do siebie ludzi i wzbudza ich zaufanie. To człowiek naturalnie otwarty, przyjacielski, który niczego nie chce ci sprzedać, nie próbuje nikogo omotać ani wspinać się po drabinie społecznej.

Większość tych „przyciągających" cech można w sobie wypracować i wykorzystać (w dobrym tego słowa znaczeniu) w kontaktach z ludźmi, aby wzbudzić ich zaufanie i sympatię.

C. Niezbędnik człowieka budzącego zaufanie

- Okazuj drugiej osobie zainteresowanie jej uczuciami, myślami, zajęciami.
- Podczas rozmowy więcej słuchaj niż mów.
- Jeśli jesteś sprzedawcą, okazuj klientowi zaangażowanie, bądź „rzecznikiem" jego interesów.
- Nie wstydź się własnych słabostek – ludzie je uwielbiają, a okazywanie ich czyni cię wiarygodnym.
- Rozmawiaj z ludźmi o tym, co uważają za ważne.

- Umacniaj w ludziach poczucie własnej wartości.
- Okazuj akceptację i solidarność.
- Bądź empatyczny, stwarzaj emocjonalna więź z rozmówcą.
- Unikaj wychwalania się i przesady.
- Nie nadużywaj definitywnych stwierdzeń, takich jak: „zawsze", „nigdy", „najlepiej".
- Stosuj zasadę Mary Kay Ash: nie żałuj czasu, by sprawić, że druga osoba poczuje się ważna.

Zawsze punktowana jest szczerość. Okazywanie słabości, a zwłaszcza poczucie humoru czynią nas bardziej wiarygodnymi.

Wolimy „zwykłych" ludzi, podobnych do nas, „swojskich", niewywyższających się, dających nam poczucie, że jesteśmy kimś ważnym, lepszym. Na tych podstawowych prawdach potrafią opierać swoje kampanie reklamowe znane firmy. I odnoszą sukcesy!

Linie lotnicze United Airlines zamiast bannerów reklamowych rozwieszały ulotki ze skargami pasażerów i własnymi obietnicami poprawy. Z kolei Nike, odnosząc się do krytyki za wyzysk pracowników w zagranicznych filiach koncernu, wykorzystywała w reklamach slogan: „Nike zgadza się – we wszystkim, co robimy, „dobrze" to zbyt mało. Możemy być jeszcze lepsi!".

A oto kolejne, niezwykle istotne, sposoby przekazu informacji o sobie, które mogą pomóc wzbudzić zaufanie lub to udaremnić.

Gesty
Nie gestykulujmy zbyt gwałtownie, bo to sprawia wrażenie chaosu i odrywa uwagę od treści wypowiedzi. Z kolei brak gestykulacji oznacza brak emocji. Jeśli w dodatku skrzyżujemy dłonie na klatce piersiowej, wytworzymy barierę odpychającą ludzi.

Gdy mówiąc, gestykulujemy spokojnie, podkreślając słowa, jesteśmy odbierani jako osoby racjonalne i poukładane wewnętrznie, a to zawsze budzi zaufanie.

Twarz
Z naszej twarzy można wyczytać więcej, niż byśmy chcieli. Zanim „ubierzemy" ją w to, co

chcemy pokazać, przez chwilę pojawiają się na niej tzw. mikroekspresje odzwierciedlające prawdziwe emocje. Trafiają one do podświadomości rozmówcy. To dlatego czasem czujemy, że ktoś jest nieszczery, choć uśmiecha się do nas przyjaźnie. Wniosek? Udawanie nie popłaca.

Oczy
Patrzenie prosto w oczy, powszechnie uchodzące za oznakę szczerości, nie zawsze odnosi pożądany skutek. Gdy zbyt długo i natarczywie wpatrujemy się w czyjeś oczy, może się poczuć niezręcznie lub odebrać nas jako osoby agresywne czy bezczelne.
- Bezpośredni kontakt wzrokowy nie powinien trwać dłużej niż przez 60–70% spotkania.
- Uciekanie wzrokiem w dół oznacza, że nie chcesz o czymś mówić.
- Patrzenie w górę sugeruje, że zmyślasz.
- Przerzucanie spojrzenia z jednego oka na drugie dekoncentruje rozmówcę lub – w przypadku osoby płci przeciwnej – wskazuje na ochotę na flirt.

- Patrzenie na usta podkreśla wrażenie osoby chętnej do flirtowania.

Rada?

Najlepiej jest patrzeć w bok, a przy bliskim kontakcie skupiać wzrok na jednym oku rozmówcy.

Postawa
Skrzyżowane na piersiach ręce, noga założona na nogę, odchylone do tyłu ciało – taka postawa oznacza, że nie mamy ochoty na kontakt. Rozmówca nie będzie się czuł przy tobie swobodnie i nie odbierze cię jako osoby przyjacielskiej i godnej zaufania.

Co zrobić, by wzbudzać zaufanie i przyciągać ludzi do siebie?

- Przyjmuj postawę otwartą: ręce rozchylone, dłonie na wysokości pasa, wewnętrzną stroną do rozmówcy.
- Nie przysiadaj na skraju krzesła – to stwarza wrażenie braku swobody i poczucia bezpieczeństwa, które może udzielić się rozmówcy.

Nogi
Splątane, schowane pod krzesło, wykrzywione stwarzają dystans i sugerują niepewność lub stres.

Rada?

- Zostaniesz odebrany pozytywnie, gdy ułożysz nogi luźno i swobodnie, a stopy skierujesz w stronę rozmówcy.
- Jeśli znając już mowę swojego ciała, przyjmiesz postawę odzwierciedlającą pozytywne uczucia, wywołasz w sobie takie właśnie dobre emocje. A wtedy z pewnością zostaniesz odebrany jako osoba pozytywna, pociągająca i wzbudzająca zaufanie.

Rozdział 6

Zaufanie kontrolowane

Budowanie zaufania, umiejętność zarządzania nim i świadomość jego znaczenia mają decydujący wpływ na losy współczesnych przedsiębiorstw, organizacji, a nawet społeczeństw oraz przyczyniają się do ich rozwoju lub upadku. Zaufanie lub jego brak może zaważyć na całym naszym życiu, dlatego dbajmy o nie, rozwijajmy i umacniajmy jego pozytywne strony oraz uczmy się nim zarządzać.

A że zacząć, jak zwykle, należy od siebie, na zakończenie wróćmy do autozaufania, bo tylko ufając sobie, możemy osiągnąć cele i spełnić marzenia.

Posłuchajmy raz jeszcze słów Briana Tracy: „Kiedy zaczniesz w pozytywny, ufny sposób myśleć o najważniejszych aspektach twojego życia, przejmiesz panowanie nad tym, co cię w nim spotyka. Zasiejesz pozytywne przyczyny i zbierzesz pozytywne skutki. Zaczniesz mocniej wierzyć w siebie i w swoje możliwości".

A wtedy:
- przyciągniesz do siebie pozytywnych ludzi i sytuacje,
- twoje zewnętrzne życie wyników stanie się zgodne z wewnętrznym światem konstruktywnego myślenia.

Zmień sposób myślenia, a twoje życie się odmieni.

I jak w każdej dziedzinie – ćwiczenie czyni mistrza. Ćwiczmy zatem afirmację – mówmy sobie słowa i zdania, które nas niejako zaprogramują pozytywnie – codziennie, na głos i po cichu.

Oto proponowane afirmacje na zaufanie:
- Wszystko jest dobrze. Wszystko dzieje się dla mojego najwyższego dobra. Z tej sytuacji wyniknie tylko dobro. Jestem bezpieczny.
- Potrafię poradzić sobie w każdej sytuacji.
- Ludzie kochają mnie i akceptują takiego, jakim jestem, tu i teraz.

- Kocham siebie. Nie jestem ani za mało, ani za bardzo jakiś i nie muszę się przed nikim wykazywać.
- Uwalniam się od wszelkich lęków. Jestem bezpiecznym i silnym człowiekiem.
- Jestem bezpieczny, uzewnętrzniając swoje uczucia. To, co daję innym, powraca do mnie.
- Jestem swoim niepowtarzalnym ja, unikalnym i twórczym.
- Mam tysiące możliwości.
- Jestem bezpieczny i spełniam się we wszystkim, co robię.
- Zasługuję na to, co najlepsze, i akceptuję to, co najlepsze, teraz!
- Życie spełnia wszystkie moje potrzeby. Ufam życiu.
- Wszystkie życiowe zmiany, które mnie spotykają, są pozytywne.
- Zasługuję na sukces i akceptuję go teraz.
- Potrafię dobrze o sobie myśleć. Potrafię dokonywać pozytywnych zmian. Mogę to zrobić!

Prawda, że budujące? Naturalnie każdy z nas może modyfikować zaproponowane afirmacje na własny użytek: dodać coś od siebie, dostosować je do własnej sytuacji i charakteru.

Mam nadzieję, że sporo o zaufaniu napisałem. Kosztowało mnie to dużo wysiłku i skupienia.

Podsumowanie

Co warto zapamiętać?

A zatem jeszcze raz: zaufanie to przewidywanie pozytywnych dla nas efektów działań innych ludzi, wiara w ich dobre intencje, oczekiwanie, że dotrzymają obietnic.

A. Zaufanie do siebie

Ufać sobie, znaczy:
- akceptować siebie,
- podobać się sobie,
- szanować siebie,
- mieć jasne, określone cele,
- być pewnym swoich umiejętności, wartości, siły i woli,
- kochać siebie.

Aby sobie zaufać:
- Bądź aktywny; korzystaj z szans, które otrzymujesz, i sam stwarzaj okazje; kreuj swoją rzeczywistość.
- Wyznaczaj własne cele i konsekwentnie je zdobywaj.
- Słuchaj podpowiedzi intuicji i życzliwych, mądrych ludzi.
- Bądź otwarty, ucz się nowych rzeczy, nie trzymaj się kurczowo przyzwyczajeń i nawyków, a także zawodów i zajęć.
- Idź swoją drogą, nie bój się zmian.
- Nie zniechęcaj przeszkodami ani porażkami, wybaczaj sobie słabości i potknięcia.
- Odetnij się od przeszłości, negatywnych zdarzeń i emocji.
- Pokochaj siebie, poczuj się atrakcyjną, pogodną, wartościową osobą.
- Uwierz, że możesz mieć to, co chcesz, i być osobą, jaką chcesz być; czuj i zachowuj się jak **zwycięzca**.

Kontroluj swoje myśli.
- Wypełniaj umysł pozytywnymi myślami i emocjami.
- Negatywne myśli wyrzucaj, a zastępuj je dobrymi.
- Staraj się unikać przygnębiających informacji, złych słów, toksycznych ludzi.
- Otaczaj się ludźmi o pozytywnej energii, którzy cię wspierają.
- Wyrzuć ze swojego wewnętrznego słownika słowa: „nie mogę", „nie uda się".
- Powtarzaj w myślach i na głos zdania: „Potrafię to zrobić", „Uda mi się".
- Wyobrażaj sobie siebie jako pogodnego, lubianego człowieka.
- Codziennie mów sobie: „jestem fajny", „lubię siebie", „zasługuję na to, co najlepsze".
- Skupiaj całą uwagę na celu, który chcesz osiągnąć, wyobrażaj go sobie.
- Zobacz w wyobraźni siebie osiągającego wymarzony cel.

Kiedy zaczniesz w pozytywny, ufny sposób myśleć o najważniejszych aspektach swojego życia:
- przejmiesz panowanie nad tym, co cię w nim spotyka,
- przyciągniesz do siebie pozytywnych ludzi i sytuacje

B. Zaufanie w relacjach z ludźmi

Od relacji z ludźmi zależy nie tylko nasze życie osobiste, ale także sukcesy zawodowe i szczęście w ogóle.

Zaufanie wzbudzają wspólne zainteresowania, system wartości i zajęcia.
- Podkreślaj to, co łączy cię z drugą osobą.
- Nie podkreślaj różnic.
- Znajdź obszar i możliwość wspólnych działań: projektów zawodowych, zainteresowań, spędzania wolnego czasu.

Bądź otwarty, wprowadzaj drugą osobę do swojego świata: zapraszaj do domu, dziel się problemami i radościami.

Podobieństwo zbliża, brak podobieństwa odpycha. Zaufanie jest pochodną wspólnego działania. Zaufaniem obdarzamy osoby, które nas wspierają; nie budzą zaufania ludzie skupieni na zaspokajaniu własnych potrzeb.
- Staraj się pomagać ludziom i ich wspierać.
- Bądź życzliwy i bezinteresowny.
- W rozmowach, wspólnych planach i działaniach nie okazuj dominacji.
- Staraj się działać z empatią, wczuwać w nastroje i odczucia drugiej osoby.
- Bądź zawsze „po jej stronie".

Zwykle lubimy tych, którzy nas lubią, okazują nam zainteresowanie i zrozumienie.
- Bądź otwarty na innych.
- Pozwól rozmówcy opowiedzieć o sobie, skup się na nim.
- Nie przerywaj.
- Gdy druga osoba mówi o ważnych dla niej sprawach, nie wtrącaj swoich opinii ani opowieści o sobie.
- Nie bagatelizuj problemów drugiej osoby ani jej uczuć.

- Powstrzymaj się od złośliwych, negatywnych komentarzy.
- Jeśli masz odmienną opinię, wyraź ją w sposób łagodny i życzliwy.
- Argumentuj, nie oceniaj.

Okazuj sympatię i akceptację osobie, której zaufanie chcesz zdobyć.

C. Zaufanie w związkach

W dobrym związku oboje partnerzy powinni czuć się pewnie i bezpiecznie. Wzajemne wsparcie i umacnianie zaufania do siebie są największym darem i dowodem miłości.
- Okazuj partnerowi zaufanie.
- Nie próbuj zmieniać partnera, bo podważysz jego pewność i zaufanie do siebie.
- Podkreślaj, że wierzysz w partnera i zrealizowanie jego celów.

Bliskie relacje z ludźmi oparte są na regułach przyjaźni. Aby nie stracić zaufania:
- nie omawiaj z innymi osobami sekretów powierzonych przez przyjaciela,

- nie krytykuj bliskiej osoby publicznie,
- okazuj przyjacielowi emocjonalne wsparcie,
- wobec innych ludzi zawsze bądź po ich stronie.

D. Jak zdobyć zaufanie

Osoba wiarygodna jest:
- uczciwa,
- szczera,
- życzliwa,
- otwarta,
- kompetentna,

a ponadto:
- dotrzymuje danego słowa, zobowiązań i terminów,
- dochowuje sekretów,
- dba nie tylko o własne interesy, troszczy się też o dobro innych.

E. Jak wzbudzić zaufanie

Aby wzbudzić zaufanie:
- okazuj drugiej osobie zainteresowanie jej uczuciami, myślami, zajęciami,
- podczas rozmowy więcej słuchaj niż mów,
- bądź empatyczny, stwarzaj emocjonalną więź z rozmówcą,
- umacniaj w ludziach poczucie własnej wartości,
- okazuj akceptację i solidarność,
- unikaj wychwalania się i przesady,
- nie wstydź się własnych słabostek, okazywanie ich czyni cię wiarygodnym,
- nie przekazuj zdobytych w osobistej rozmowie informacji innym ludziom,
- stosuj zasadę Mary Kay Ash: nie żałuj czasu, by sprawić, że druga osoba poczuje się ważna.

Zawsze graj w otwarte karty; udawanie na dłuższą metę się nie sprawdza.

Zaufanie wiąże się z bezpośrednim kontaktem, z tym, co można wyczytać z naszego wyglądu, twarzy i gestów.

- Nie gestykuluj zbyt gwałtownie – rób to spokojnie, podkreślając słowa.
- Nie krzyżuj dłoni na klatce piersiowej.
- Nie wpatruj się w natarczywie w oczy rozmówcy, bezpośredni kontakt wzrokowy nie powinien trwać dłużej niż przez 60–70% spotkania.
- Nie uciekaj wzrokiem w dół – to oznacza, że nie chcesz o czymś mówić.
- Nie patrz w górę – to sugeruje, że zmyślasz.
- Nie przerzucaj spojrzenia z jednego oka rozmówcy na drugie – to go dekoncentruje i wskazuje na chęć do flirtu.
- Zapytany o coś, patrz w bok, a przy bliskim kontakcie skupiaj wzrok na jednym oku rozmówcy.
- Nie krzyżuj rąk na piersiach, nie zakładaj nogi na nogę, a siedząc, nie odchylaj ciała do tyłu.
- Przyjmuj postawę otwartą: ręce rozchylone, dłonie na wysokości pasa, wewnętrzną stroną do rozmówcy.
- Nogi ułóż luźno i swobodnie, a stopy skieruj w stronę rozmówcy.

- Twój strój powinien być zgodny ze stereotypem przedstawiciela danej profesji i jego stanowiska.

Przyjmując postawę odzwierciedlającą pozytywne uczucia, wywołasz w sobie takie właśnie dobre emocje. Będziesz odebrany jako osoba pociągająca i wzbudzająca zaufanie.

F. Brak zaufania

Skutkami braku zaufania są:
- pesymizm, podejrzliwość, negatywne nastawienie ludzi do siebie nawzajem,
- niemożność powstania żadnej trwałej relacji osobistej, zawodowej ani społecznej,
- wstrzymanie rozwoju – zarówno jednostki, jak i społeczeństwa,
- niemożność zbudowania prawdziwej demokracji.

Zaufanie oznacza poczucie bezpieczeństwa, a lęk jest bardzo złym doradcą, za to skutecznym hamulcem – zarówno w relacjach osobistych, jak i biznesowych.

Nie mniej szkodliwe od braku zaufania jest tzw. ślepe zaufanie. Superokazje bywają superpułapkami. Zaufanie nie jest tożsame z naiwnością.

Na koniec chciałbym jeszcze raz zwrócić twoją uwagę na kwestię zaufania w związku. Można powiedzieć krótko – bez zaufania nie ma prawdziwego, dojrzałego związku dwojga kochających się ludzi. Chyba nikt nie ma co do tego wątpliwości. W *Małych zbrodniach małżeńskich* Érica-Emmanuela Schmitta czytamy:

„– Chciałabyś, żeby miłość dowiodła ci, że istnieje. Nie tędy droga. To ty masz dowieść, że istnieje.

– W jaki sposób?

– Zaufać".

Zostańmy z tą myślą. Życzę sobie i tobie jak najwięcej ludzi godnych zaufania wokół siebie.

☼

Dodatek ekstra ☺

ZAUFANIE W BIZNESIE

W głównej części książki mogliście przeczytać o metodzie zarządzania zwanej zarządzaniem przez zaufanie. Temat zaufania w biznesie przedstawiam tu bardziej szczegółowo, ponieważ właśnie ono leży u podstaw funkcjonowania każdej firmy.

To bardzo ważna część tematu. Biznes i zaufanie? – zdziwią się niektórzy, bo te dwa słowa, a raczej to, co się pod nimi kryje, wydają się wzajemnie wykluczać. Biznes to twarda gra, pełna sztuczek, podchodów i podstępnych strategii.

Każdy, chce zdobyć dla siebie najlepszy kawałek tortu, próbuje to zrobić, nie oglądając się na przeciwnika, często bezkompromisowo i nie zawsze czystymi metodami. Tak to widzi wiele osób i często tak właśnie to wygląda. Gdzie tu miejsce na zaufanie?

Otóż wszystko zależy od ludzi i od tego, co chcą osiągnąć. Bo tak naprawę zaufanie jest podstawą dobrego biznesu i jego wielkim sprzymierzeńcem. A udowodnił to jeden z największych biznesmenów świata, który uczynił z biznesu prawdziwą sztukę i znalazł się na samym szczycie osobistego sukcesu, mierzonego osiągnięciami zawodowymi, spełnieniem życiowych celów i czołowym miejscem na liście najbogatszych ludzi świata. Któż to taki? **Warren Buffett**.

Nazwisko Warrena Buffetta jest w świecie biznesu synonimem sukcesu. Genialny strateg inwestycyjny i menedżer wypracował unikalny, efektywny model zarządzania firmą, sprawdzający się i w małych, i w największych przedsiębiorstwach. Sam wypróbował go z olbrzymim sukcesem, zarządzając własną firmą – Berkshire Hathaway.

W ciągu 44 lat wartość księgowa jednej akcji Berkshire wzrosła z 19 do 70 530 dolarów. Buffett zasłynął m.in. jako ofiarodawca największej w historii Stanów Zjednoczonych darowizny – na rzecz Fundacji Billa Gatesa i czterech innych fundacji rodzinnych przekazał 37 mld. dolarów, co stanowiło znaczną część jego majątku. W testamencie dochód ze wszystkich posiadanych akcji Berkshire zapisał na cele charytatywne.

Mamy tu przykład oryginalnego myślenia o biznesie, traktującego zaufanie jako podstawę skutecznej działalności. Doświadczenia i wskazówki Warrena Buffetta powinien poznać każdy menedżer, przedsiębiorca i student szkoły biznesu, aby nauczyć się, jak zarządzać firmą osiągającą sukces. A oto zasady biznesu Warrena Buffetta w pigułce.

AKCJONARIUSZE JAKO WSPÓLNICY

„Formalnie jesteśmy korporacją, ale działamy jak wspólnicy. Traktujemy naszych akcjonariuszy jak właścicieli-wspólników, a siebie jak wspólników-zarządzających. (...) Nie postrzegamy firmy jako właściciela naszych aktywów biznesowych, ale raczej jako instrument, za pomocą którego nasi akcjonariusze są właścicielami tych aktywów.

Dyrektorzy generalni firmy muszą uznać zarządzanie za swój styl życia, a właścicieli traktować jak wspólników, a nie jak frajerów. Nadszedł czas, aby szefowie firm sami przestrzegali głoszonych przez siebie zasad".

Warren Buffett (z listu do akcjonariuszy)
Fragment książki *Warren Buffett o biznesie. Zasady guru z Omaha* Richarda J. Connorsa

Na czym zatem polegają zasady biznesu wg Buffetta? Przyjrzyjmy się kilku z nich, które „guru z Omaha" sam przedstawia swoim wspólnikom w bardzo przejrzysty sposób, m.in. w wydanej w 1996 r. publikacji *Instrukcja dla właścicieli*, przeznaczonej dla akcjonariuszy Berkshire, a zawierającej 13 zasad biznesowych dotyczących właściciela, czyli specyficzną filozofię zarządzania Warrena Buffetta.
- Nie postrzegamy akcjonariuszy Berkshire jak bezimiennego tłumu, ale jak wspólników

w ryzykownym przedsięwzięciu, którzy powierzyli nam swoje pieniądze.
- Miarą naszego sukcesu jest długookresowy rozwój naszych firm (Buffett i jego wspólnik, Charlie Munger, są właścicielami m.in. Coca-Coli i Gilette, w które Berkshire zainwestował), a nie krótkotrwałe zmiany cen akcji.
- Nie możemy ci gwarantować wyników, ale możemy zagwarantować, że twoje powodzenie finansowe będzie ściśle związane z naszym. Chcemy zarabiać wtedy, kiedy zarabiają nasi wspólnicy.
- Stosujemy metody obliczeniowe, które gwarantują nam spokojny sen, jeśli nawet ceną za to jest niższa o kilka punktów procentowych stopa zysku.
- Pieniądze należące do firmy są pieniędzmi należącymi do akcjonariuszy. Gdy my osiągamy zyski, oni także zyskują.
- Akcje Berkshire stanowią dominującą część portfeli inwestycyjnych zarówno większości członków naszych rodzin, jak i wielu przyjaciół.

- Obce jest mi narażanie na ryzyko tego, co posiada i potrzebuje moja rodzina oraz przyjaciele.
- Naszym głównym celem jest maksymalizacja korzyści osiąganych przez wszystkich akcjonariuszy Berkshire.

Zatem jak widać, poza pełną „przezroczystością" szefów firmy, wspólnotą celów i interesów ze wspólnikami, za jakich uważają akcjonariuszy, w korporacji Warrena Buffetta obowiązują takie zasady jak w firmach rodzinnych. A nigdzie chyba zaufanie nie jest tak pielęgnowane, jak w firmie rodzinnej. Buffett słusznie zauważa, że w spółce cywilnej uczciwość wymaga, aby interesy partnera były traktowane sprawiedliwie zarówno wtedy, gdy staje się wspólnikiem, jak i wówczas, gdy opuszcza spółkę. I co?

„Nasze działania sprawdziły się" – stwierdza wspólnik Buffetta, Charlie Munger. – „Spójrzcie, jaką mamy frajdę: Warren i ja, nasi menedżerowie oraz akcjonariusze. Więcej ludzi powinno nas naśladować".

Otóż to. A zasady postępowania szefów Berkhire są bardzo proste.

„Sądzę, że mamy właściwą kulturę korporacyjną. Priorytetem dla nas wszystkich jest gorliwa dbałość o dobre imię firmy. Stać nas na ponoszenie strat, nie stać nas jednak na utratę dobrego imienia. Każde działanie musi być oceniane nie tylko pod względem jego legalności, ale także tego, co chcielibyśmy przeczytać o nas samych na pierwszej stronie ogólnokrajowej gazety w artykule napisanym przez niechętnego wobec nas, ale bystrego dziennikarza".

I jeszcze jeden cytat wart uwagi:

„Inwestorzy otrzymają wszystkie fakty, które sami chcielibyśmy znać, gdyby role się odwróciły. Jako firma mająca w swoim portfelu duże przedsiębiorstwo z branży komunikacyjnej, nie wybaczylibyśmy sobie niższych standardów dokładności, obiektywności oraz bezpośredniości w informowaniu. Uważamy, że szczerość przynosi nam jako menedżerom korzyści".

Tyle mówi nam sam Warren Buffett.

Dodam, że firma przekazuje informacje akcjonariuszom nie tylko w raporcie rocznym, ale też w raportach kwartalnych publikowanych w Internecie.

Celem szefów Berkshire jest bycie „kupcami z wyboru" dla innych firm, zwłaszcza rodzinnych, a więc tych, których właścicielom szczególnie zależy na dalszym losie przedsiębiorstwa.

Buffett zyskał wiarygodność, przestrzegając kilku prostych zasad, które powinny też dotyczyć firm, z którymi robi interesy. Są to:
- dotrzymywanie składanych obietnic,
- szybkie podejmowanie decyzji,
- trzymanie się ustalonych warunków,
- niepodejmowanie dozwolonego przez innych ryzyka,
- unikanie zadłużania firmy,
- jawne zasady działania wobec klienta,
- gwarancja absolutnej poufności,
- uczciwa księgowość,
- duma z oferowanego produktu,
- szacunek dla klientów,
- zapewnianie menedżerom niespotykanej gdzie indziej samodzielności,

- grupa lojalnych pracowników połączonych poczuciem wspólnej misji,
- szczere informowanie wspólników zarówno o dobrych, jak i mniej korzystnych faktach.

Historia działań Warrena Buffetta dowodzi zgodności deklaracji z czynami, a to jest gwarancją zaufania, którym się cieszy, i wyników, jakie osiąga.

Dodam jeszcze, że w firmach Warrena Buffetta obowiązuje i zapewne przestrzegany jest opracowany przez niego *Kodeks postępowania i etyki w biznesie*. Efekt? Większość akcjonariuszy Berkshire czuje się wspólnikami. Tylko niewielka część akcji zmienia właściciela w krótkim okresie, tak jak to zwykle bywa z akcjami innych firm. Akcjonariusze Berkshire w pełni ufają szefom i utożsamiają się z firmą. Najbardziej wymiernym rezultatem jest spektakularny sukces korporacji Buffetta i wszystkich „współwłaścicieli", stabilna, wysoka pozycja finansowa i stały rozwój.

„W Berkshire stanowię jednoosobowy komitet do spraw wynagrodzeń, który ustala uposażenie dyrektorów generalnych około 40 dużych firm. Ile zajmuje mi to czasu? Bardzo mało. Ilu dyrektorów w ciągu 42 lat istnienia Berkshire dobrowolnie się z nami rozstało, aby podjąć inną pracę? Żaden".

Jak widzimy na przykładzie Warrena Buffetta, zaufanie do liderów i przywódców jest bardzo ważne dla dobrego funkcjonowania firmy, a jego brak stanowi jeden z głównych problemów w świecie biznesu. To cenny skarb, ale – jak to ze skarbami bywa – niełatwo go zdobyć. Badania wykazują, że tylko ok. 30% pracujących Polaków w pełni ufa swoim przełożonym. Deficyt zaufania zauważono też w innych krajach.

Z badań przeprowadzonych w kilkudziesięciu firmach na całym świecie wynika, że połowa menedżerów nie ufa swoim liderom. Podobne jest z personelem niższego szczebla i jego zaufaniem do kierownictwa. Przy tym w niektórych krajach, m.in. w Szwecji, Chinach, Brazylii i Holandii, w ostatnich latach odnotowano wzrost poziomu zaufania do biznesu, natomiast w innych, np. w USA i Irlandii, nastąpił jego spadek. We Francji, w Niemczech, Wielkiej Brytanii i w Polsce nie zauważono dużych zmian.

Znaczenia zaufania w biznesie nie można zatem przecenić, a tym bardziej nie wolno go nie docenić. Urasta ono do rangi jednego z najważniejszych elementów sprawnego działania przedsiębiorstwa, a zarządzanie zaufaniem stało się kluczową umiejętnością dobrego menedżera. Co to znaczy „zarządzać zaufaniem" i co wpływa na szybki rozwój tej dziedziny zarządzania?

ZARZĄDZANIE ZAUFANIEM

Zarządzanie zaufaniem to tworzenie systemu działań i metod, które pozwalają podejmować właściwe decyzje dotyczące operacji zawierających ryzyko związane z innymi jednostkami, a także umożliwiają odpowiednie reprezentowanie i wzrost własnej wiarygodności. Mówiąc prościej – to system tych działań, które umożliwiają ocenę wiarygodności partnera oraz budowanie własnej wiarygodności.

Zarządzanie zaufaniem staje się niezbędne w dobie globalizacji, z którą wiążą się:
- działalności ponad granicami,
- coraz ostrzejsza konkurencja,
- rosnąca liczba kontaktów,
- coraz większa masa docierających do nas informacji,
- wzrost wymagań klientów.

To tylko niektóre z czynników sprawiających, że w nowoczesnej firmie zarządzanie zaufaniem stało się koniecznością. Potwierdzają to zresztą wyniki badań przeprowadzonych wśród 500 najlepszych polskich firm.

Aż 95% badanych uznało, że zaufanie ma wpływ na sukces przedsięwzięcia. Znaczenie zaufania dla sukcesu firmy jest więc niepodważalne.

Tylko w jaki sposób należy zarządzać zaufaniem?

Skuteczne zarządzanie zaufaniem wymaga:
- ustalenia wspólnych celów i sposobów postępowania oraz jednomyślności w kluczowych punktach,

- jasno określonych, czystych zasad działalności i sposobów rozwiązywania problemów,
- respektowania tajemnic,
- szybkiego spełniania obietnic,
- gotowości do dzielenia się zyskami ze współpracownikami oraz sprawiedliwego podziału oszczędności (np. przy zmniejszeniu kosztów produkcji),
- stworzenia sieci osobistych kontaktów.

Relacje z ludźmi są źródłem cennych informacji o współpracownikach i partnerach, o ich zdolnościach, efektywności działania, charakterze, stylu pracy oraz upodobaniach. Taka wiedza pomaga angażować współpracowników w odpowiedni sposób bez stosowania kontroli.

No właśnie. Nikt nie lubi być kontrolowany, ale każdy lepiej i wydajniej działa, gdy czuje się doceniony i postawiony na odpowiednim miejscu, czyli zaangażowany zgodnie z zainteresowaniami, kompetencjami, upodobaniami i możliwościami. A dobry menedżer wie, że w biznesie doskonale sprawdza się znana psychologiczna zasada „wygrana–wygrana", oznaczająca osiągnięcie zysku i satysfakcji przez obie strony. Nikt nikogo nie wykorzystuje, nie lekceważy, nie próbuje pokonać ani „wykiwać". Obie strony osiągają cel, choć niekoniecznie ten sam. Wszyscy wygrywamy! A podstawą jest ZAUFANIE.

I choć trudno je precyzyjnie „zmierzyć" i równie niełatwo osiągnąć (jak już pisałem – o wiele łatwiej stracić), naprawdę warto o nie powalczyć. Każda firma może ustalić własne metody zarządzania zaufaniem. A korzyści okażą się bardzo wymierne. Spróbujmy je określić.

Zarządzanie zaufaniem:
- aktywuje pracowników,
- pobudza do twórczego myślenia,
- motywuje do podejmowania decyzji,
- ośmiela w prowadzeniu rozmów i transakcji,
- ma wpływ na dobrą koordynację działań firmy czy projektu,
- przyczynia się do efektywności działania i redukcji kosztów,
- zwiększa konkurencyjność firmy,

- podnosi zdolność zespołu do przetrwania sytuacji kryzysowej,
- zwiększa przepływ informacji i zachęca do ich wymiany,
- pomaga w budowaniu sieci współpracy,
- wpływa na wzrost satysfakcji klienta i jego lojalność.

Zaufanie pozytywnie wpływa na:
- skuteczność działania (wyznaczanie i osiąganie celów),
- sprawność (wykonywanie zadań na jasno określonych zasadach i we właściwy sposób),
- jakość (lepsza praca – zadowolenie klienta),
- innowację (wzrost kreatywności i aktywności pracowników, ciągły rozwój firmy),
- jakość życia zawodowego (poczucie bezpieczeństwa, inspiracja do pracy),
- produktywność (zwiększenie efektywności, zmniejszenie wykorzystywania ludzi),
- zyskowność (tworzenie i sprawiedliwy podział nadwyżek).

SIEDEM ELEMENTÓW SUKCESU

Na zakończenie przedstawię ci Magiczną Siódemkę. Co to takiego? Znawcy tematyki, panowie Sink, Morris i Johnston, oznaczyli siedem elementów, od których zależą dobre wyniki, czyli sukces firmy. Wszystkie mają „cudowny" związek z zaufaniem.

Oto one:
- **Skuteczność:** zaufanie pomaga wyznaczać odpowiednie cele i je osiągać,
- **Sprawność**: zaufanie powoduje wykonywanie zadań na jasno określonych zasadach i we właściwy sposób,
- **Jakość**: zaufanie przyczynia się do większego zaangażowania i lepszej pracy, a w efekcie do zadowolenia klienta,
- **Innowacja**: zaufanie oznacza wzrost kreatywności i aktywności pracowników, czyli ciągły rozwój firmy,
- **Jakość życia zawodowego**: zaufanie zapewnia poczucia bezpieczeństwa, zwiększa lojalność i inspiruje do pracy,

- **Produktywność**: zaufanie zwiększa efektywność, a zmniejsza wykorzystywanie ludzi,
- **Zyskowność**: zaufanie przyczynia się do tworzenia i sprawiedliwego podziału nadwyżek (zysków i oszczędności).

Relacje z ludźmi są źródłem cennych informacji, a wiedza o pracownikach i partnerach pomaga angażować ich w efektywny sposób.

Bibliografia

Albright M., Carr C., *Największe błędy menedżerów*, Warszawa 1997.

Allen B.D., Allen W.D., *Formuła 2+2. Skuteczny coaching*, Warszawa 2006.

Anderson Ch., *Za darmo: przyszłość najbardziej radykalnej z cen*, Kraków 2011.

Anthony R., *Pełna wiara w siebie*, Warszawa 2005.

Ariely D., *Zalety irracjonalności. Korzyści z postępowania wbrew logice w domu i pracy*, Wrocław 2010.

Bates W.H., *Naturalne leczenie wzroku bez okularów*, Katowice 2011.

Bettger F., *Jak umiejętnie sprzedawać i zwielokrotnić dochody*, Warszawa 1995.

Blanchard K., Johnson S., *Jednominutowy menedżer*, Konstancin-Jeziorna 1995.

Blanchard K., O'Connor M., *Zarządzanie poprzez wartości*, Warszawa 1998.

Bogacka A.W., *Zdrowie na talerzu*, Białystok 2008.

Bollier D., *Mierzyć wyżej. Historie 25 firm, które osiąg-

nęły sukces, łącząc skuteczne zarządzanie z realizacją misji społecznych, Warszawa 1999.

Bond W.J., *199 sytuacji, w których tracimy czas, i jak ich uniknąć*, Gdańsk 1995.

Bono E. de, *Dziecko w szkole kreatywnego myślenia*, Gliwice 2010.

Bono E. de, *Sześć kapeluszy myślowych*, Gliwice 2007.

Bono E. de, *Sześć ram myślowych*, Gliwice 2009.

Bono E. de, *Wodna logika. Wypłyń na szerokie wody kreatywności*, Gliwice 2011.

Bossidy L., Charan R., *Realizacja. Zasady wprowadzania planów w życie*, Warszawa 2003.

Branden N., *Sześć filarów poczucia własnej wartości*, Łódź 2010.

Branson R., *Zaryzykuj – zrób to! Lekcje życia*, Warszawa-Wesoła 2012.

Brothers J., Eagan E, *Pamięć doskonała w 10 dni*, Warszawa 2000.

Buckingham M., *To jedno, co powinieneś wiedzieć... o świetnym zarządzaniu, wybitnym przywództwie i trwałym sukcesie osobistym*, Warszawa 2006.

Buckingham M., *Wykorzystaj swoje silne strony. Użyj dźwigni swojego talentu*, Waszawa 2010

Buckingham M., Clifton D.O., *Teraz odkryj swoje silne strony*, Warszawa 2003.

Butler E., Pirie M., *Jak podwyższyć swój iloraz inteligencji?*, Gdańsk 1995.

Buzan T., *Mapy myśli*, Łódź 2008.

Buzan T., *Pamięć na zawołanie*, Łódź 1999.

Buzan T., *Podręcznik szybkiego czytania*, Łódź 2003.

Buzan T., *Potęga umysłu. Jak zyskać sprawność fizyczną i umysłową: związek umysłu i ciała*, Warszawa 2003.

Buzan T., Dottino T., Israel R., *Zwykli ludzie – liderzy. Jak maksymalnie wykorzystać kreatywność pracowników*, Warszawa 2008.

Carnegie D., *I ty możesz być liderem*, Warszawa 1995.

Carnegie D., *Jak przestać się martwić i zacząć żyć*, Warszawa 2011.

Carnegie D., *Jak zdobyć przyjaciół i zjednać sobie ludzi*, Warszawa 2011.

Carnegie D., *Po szczeblach słowa. Jak stać się doskonałym mówcą i rozmówcą*, Warszawa 2009.

Carnegie D., Crom M., Crom J.O., *Szkoła biznesu. O pozyskiwaniu klientów na zawsze*, Waszrszawa 2003

Cialdini R., *Wywieranie wpływu na ludzi*, Gdańsk 1998.

Clegg B., *Przyspieszony kurs rozwoju osobistego*, Warszawa 2002.

Cofer C.N., Appley M.H., *Motywacja: teoria i badania*, Warszawa 1972.

Cohen H., *Wszystko możesz wynegocjować. Jak osiągnąć to, co chcesz*, Warszawa 1997. r Covey S.R., 3. rozwiązanie, Poznań 2012.

Covey S.R., *7 nawyków skutecznego działania*, Poznań 2007.

Covey S.R., *8. nawyk*, Poznań 2006.

Covey S.R., Merrill A.R., Merrill R.R., *Najpierw rzeczy najważniejsze*, Warszawa 2007.

Craig M., *50 najlepszych (i najgorszych) interesów w historii biznesu*, Warszawa 2002.

Csikszentmihalyi M., *Przepływ: psychologia optymalnego doświadczenia*, Wrocław 2005

Davis R.C., Lindsmith B., *Ludzie renesansu: umysły, które ukształtowały erę nowożytną*, Poznań 2012

Davis R.D., Braun E.M., *Dar dysleksji. Dlaczego niektórzy zdolni ludzie nie umieją czytać i jak mogą się nauczyć*, Poznań 2001.

Dearlove D., *Biznes w stylu Richarda Bransona. 10 tajemnic twórcy megamarki*, Gdańsk 2009.

DeVos D., *Podstawy wolności. Wartości decydujące o sukcesie jednostek i społeczeństw*, Konstancin-Jeziorna 1998.

DeVos R.M., Conn Ch.P., *Uwierz! Credo człowieka czynu, współzałożyciela Amway Corporation, hołdującego zasadom, które uczyniły Amerykę wielką*, Warszawa 1994.

Dixit A.K., Nalebuff B.J., *Myślenie strategiczne. Jak zapewnić sobie przewagę w biznesie, polityce i życiu prywatnym*, Gliwice 2009.

Dixit A.K., Nalebuff B.J., *Sztuka strategii. Teoria gier w biznesie i życiu prywatnym*, Warszawa 2009.

Dobson J., *Jak budować poczucie wartości w swoim dziecku*, Lublin 1993.

Doskonalenie strategii (seria *Harvard Bussines Review*), praca zbiorowa, Gliwice 2006.

Dryden G., Vos J., *Rewolucja w uczeniu*, Poznań 2000.

Dyer W.W., *Kieruj swoim życiem*, Warszawa 2012.

Dyer W.W., *Pokochaj siebie*, Warszawa 2008.

Edelman R.C., Hiltabiddle T.R., Manz Ch.C., *Syndrom miłego człowieka*, Gliwice 2010.

Eichelberger W., Forthomme P., Nail F., *Quest. Twoja droga do sukcesu. Nie ma prostych recept na sukces, ale są recepty skuteczne*, Warszawa 2008.

Enkelmann N.B., *Biznes i motywacja*, Łódź 1997.

Eysenck H. i M., *Podpatrywanie umysłu. Dlaczego ludzie zachowują się tak, jak się zachowują?*, Gdańsk 1996.

Ferriss T., *4-godzinny tydzień pracy. Nie bądź płatnym niewolnikiem od 7.00 do 17.00*, Warszawa 2009.

Flexner J.T., Waschington. *Człowiek niezastąpiony*, Warszawa 1990.

Forward S., Frazier D., *Szantaż emocjonalny: jak obronić się przed manipulacją i wykorzystaniem*, Gdańsk 2011.

Frankl V.E., *Człowiek w poszukiwaniu sensu*, Warszawa 2009.

Fraser J.F., *Jak Ameryka pracuje*, Przemyśl 1910.

Freud Z., *Wstęp do psychoanalizy*, Warszawa 1994.

Fromm E., *Mieć czy być*, Poznań 2009.

Fromm E., *Niech się stanie człowiek. Z psychologii etyki*, Warszawa 2005.

Fromm E., *O sztuce miłości*, Poznań 2002.

Fromm E., *O sztuce słuchania. Terapeutyczne aspekty psychoanalizy*, Warszawa 2002.

Fromm E., *Serce człowieka. Jego niezwykła zdolność do dobra i zła*, Warszawa 2000.

Fromm E., *Ucieczka od wolności*, Warszawa 2001.

Fromm E., *Zerwać okowy iluzji*, Poznań 2000.

Galloway D., *Sztuka samodyscypliny*, Warszawa 1997.

Gardner H., *Inteligencje wielorakie – teoria w praktyce*, Poznań 2002.

Gawande A., *Potęga checklisty: jak opanować chaos i zyskać swobodę w działaniu*, Kraków 2012.

Gelb M.J., *Leonardo da Vinci odkodowany*, Poznań 2005.

Gelb M.J., Miller Caldicott S., *Myśleć jak Edison*, Poznań 2010.

Gelb M.J., *Myśleć jak geniusz*, Poznań 2004.

Gelb M.J., *Myśleć jak Leonardo da Vinci*, Poznań 2001.

Giblin L., *Umiejętność postępowania z innymi...*, Kraków 1993.

Girard J., Casemore R., *Pokonać drogę na szczyt*, Warszawa 1996.

Glass L., *Toksyczni ludzie*, Poznań 1998.

Godlewska M., *Jak pokonałam raka*, Białystok 2011.

Godwin M., *Kim jestem? 101 dróg do odkrycia siebie*, Warszawa 2001.

Goleman D., *Inteligencja emocjonalna*, Poznań 2002.

Gordon T., *Wychowywanie bez porażek szefów, liderów, przywódców*, Warszawa 1996.

Gorman T., *Droga do skutecznych działań. Motywacja*, Gliwice 2009.

Gorman T., *Droga do wzrostu zysków. Innowacja*, Gliwice 2009.

Greenberg H., Sweeney P., *Jak odnieść sukces i rozwinąć swój potencjał*, Warszawa 2007.

Habeler P., Steinbach K., *Celem jest szczyt*, Warszawa 2011.

Hamel G., Prahalad C.K., *Przewaga konkurencyjna jutra*, Warszawa 1999.

Hamlin S., *Jak mówić, żeby nas słuchali*, Poznań 2008.

Hill N., *Klucze do sukcesu*, Warszawa 1998.

Hill N., *Magiczna drabina do sukcesu*, Warszawa 2007.

Hill N., *Myśl!... i bogać się. Podręcznik człowieka interesu*, Warszawa 2012.

Hill N., *Początek wielkiej kariery*, Gliwice 2009.

Ingram D.B., Parks J.A., *Etyka dla żółtodziobów, czyli wszystko, co powinieneś wiedzieć o...*, Poznań 2003.

Jagiełło J., Zuziak W. [red.], *Człowiek wobec wartości*, Kraków 2006.

James W., *Pragmatyzm*, Warszawa 2009.

Jamruszkiewicz J., *Kurs szybkiego czytania*, Chorzów 2002.

Johnson S., *Tak czy nie. Jak podejmować dobre decyzje*, Konstancin-Jeziorna 1995.

Jones Ch., *Życie jest fascynujące*, Konstancin-Jeziorna 1993.

Kanter R.M., *Wiara w siebie. Jak zaczynają się i kończą dobre i złe passy*, Warszawa 2006.

Keller H., *Historia mojego życia*, Warszawa 1978.

Kirschner J., *Zwycięstwo bez walki. Strategie przeciw agresji*, Gliwice 2008.

Koch R., *Zasada 80/20. Lepsze efekty mniejszym nakładem sił i środków*, Konstancin--Jeziorna 1998.

Kopmeyer M.R., *Praktyczne metody osiągania sukcesu*, Warszawa 1994.

Ksenofont, *Cyrus Wielki. Sztuka zwyciężania*, Warszawa 2008.

Kuba A., Hausman J., *Dzieje samochodu*, Warszawa 1973.

Kumaniecki K., *Historia kultury starożytnej Grecji i Rzymu*, Warszawa 1964.

Lamont G., *Jak podnieść pewność siebie*, Łódź 2008.

Leigh A., Maynard M., *Lider doskonały*, Poznań 1999.

Littauer F., *Osobowość plus*, Warszawa 2007.

Loreau D., *Sztuka prostoty*, Warszawa 2009.
Lott L., Intner R., Mendenhall B., *Autoterapia dla każdego. Spróbuj w osiem tygodni zmienić swoje życie*, Warszawa 2006.
Maige Ch., Muller J.-L., *Walka z czasem. Atut strategiczny przedsiębiorstwa*, Warszawa 1995.
Mansfield P., *Jak być asertywnym*, Poznań 1994.
Martin R., *Niepokorny umysł. Poznaj klucz do myślenia zintegrowanego*, Gliwice 2009.
Maslow A., *Motywacja i osobowość*, Warszawa 2009.
Matusewicz Cz., *Wprowadzenie do psychologii*, Warszawa 2011.
Maxwell J.C., *21 cech skutecznego lidera*, Warszawa 2012.
Maxwell J.C., *Tworzyć liderów, czyli jak wprowadzać innych na drogę sukcesu*, Konstancin-Jeziorna 1997.
Maxwell J.C., *Wszyscy się komunikują, niewielu potrafi się porozumieć*, Warszawa 2011.
McCormack M.H., *O zarządzaniu*, Warszawa 1998.
McElroy K., *Jak inwestować w nieruchomości. Znajdź ukryte zyski, których większość inwestorów nie dostrzega*, Osielsko 2008.
McGee P., *Pewność siebie. Jak mała zmiana może zrobić wielką różnicę*, Gliwice 2011.
McGrath H., Edwards H., *Trudne osobowości. Jak radzić sobie ze szkodliwymi zachowaniami innych oraz własnymi*, Poznań 2010.

Mellody P., Miller A.W., Miller J.K., *Toksyczna miłość i jak się z niej wyzwolić*, Warszawa 2013.

Melody B., *Koniec współuzależnienia*, Poznań 2002.

Miller M., *Style myślenia*, Poznań 2000.

Mingotaud F., *Sprawny kierownik. Techniki osiągania sukcesów*, Warszawa 1994.

MJ DeMarco, *Fastlane milionera*, Katowice 2012.

Morgenstern J., *Jak być doskonale zorganizowanym*, Warszawa 2000.

Nay W.R., *Związek bez gniewu. Jak przerwać błędne koło kłótni, dąsów i cichych dni*, Warszawa 2011.

Nierenberg G.I., *Ekspert. Czy nim jesteś?*, Warszawa 2001.

Ogger G., *Geniusze i spekulanci, Jak rodził się kapitalizm*, Warszawa 1993.

Osho, *Księga zrozumienia. Własna droga do wolności*, Warszawa 2009.

Parkinson C.N., *Prawo pani Parkinson*, Warszawa 1970.

Peale N.V., *Entuzjazm zmienia wszystko. Jak stać się zwycięzcą*, Warszawa 1996.

Peale N.V., *Możesz, jeśli myślisz, że możesz*, Warszawa 2005.

Peale N.V., *Rozbudź w sobie twórczy potencjał*, Warszawa 1997.

Peale N.V., *Uwierz i zwyciężaj. Jak zaufać swoim myślom i poczuć pewność siebie*, Warszawa 1999.

Pietrasiński Z., *Psychologia sprawnego myślenia*, Warszawa 1959.

Pilikowski J., *Podróż w świat etyki*, Kraków 2010.

Pink D.H., *Drive*, Warszawa 2011.

Pirożyński M., *Kształcenie charakteru*, Poznań 1999.

Pismo Święte Starego i Nowego Testamentu. Biblia Tysiąclecia, Warszawa 2002.

Pismo Święte w Przekładzie Nowego Świata, 1997.

Popielski K., *Psychologia egzystencji. Wartości w życiu*, Lublin 2009.

Poznaj swoją osobowość, Bielsko-Biała 1996.

Przemieniecki J., *Psychologia jednostki. Odkoduj szyfr do swego umysłu*, Warszawa 2008.

Pszczołowski T., *Umiejętność przekonywania i dyskusji*, Gdańsk 1998.

Reiman T., *Potęga perswazyjnej komunikacji*, Gliwice 2011.

Robbins A., *Nasza moc bez granic. Skuteczna metoda osiągania życiowych sukcesów za pomocą NLP*, Konstancin-Jeziorna 2009.

Robbins A., *Obudź w sobie olbrzyma… i miej wpływ na całe swoje życie – od zaraz*, Poznań 2002.

Robbins A., *Olbrzymie kroki*, Warszawa 2001.

Robert M., *Nowe myślenie strategiczne: czyste i proste*, Warszawa 2006.

Robinson J.W., *Imperium wolności. Historia Amway Corporation*, Warszawa 1997.

Rose C., Nicholl M.J., *Ucz się szybciej, na miarę XXI wieku*, Warszawa 2003.

Rose N., *Winston Churchill. Życie pod prąd*, Warszawa 1996.

Rychter W., *Dzieje samochodu*, Warszawa 1962.

Ryżak Z., *Zarządzanie energią kluczem do sukcesu*, Warszawa 2008.

Savater F., *Etyka dla syna*, Warszawa 1996.

Schäfer B., *Droga do finansowej wolności. Pierwszy milion w ciągu siedmiu lat*, Warszawa 2011.

Schäfer B., *Zasady zwycięzców*, Warszawa 2007.

Scherman J.R., *Jak skończyć z odwlekaniem i działać skutecznie*, Warszawa 1995.

Schuller R.H., *Ciężkie czasy przemijają, bądź silny i przetrwaj je*, Warszawa 1996.

Schwalbe B., Schwalbe H., Zander E., *Rozwijanie osobowości. Jak zostać sprzedawcą doskonałym*, tom 2, Warszawa 1994.

Schwartz D.J., *Magia myślenia kategoriami sukcesu*, Konstancin-Jeziorna 1994.

Schwartz D.J., *Magia myślenia na wielką skalę. Jak zaprząc duszę i umysł do wielkich osiągnięć*, Warszawa 2008.

Scott S.K., *Notatnik milionera. Jak zwykli ludzie mogą osiągać niezwykłe sukcesy*, Warszawa 1997.

Sedlak K. [red.], *Jak poszukiwać i zjednywać najlepszych pracowników*, Kraków 1995.

Seiwert L.J., *Jak organizować czas*, Warszawa 1998.

Seligman M.E.P., *Co możesz zmienić, a czego nie możesz*, Poznań 1995.

Seligman M.E.P., *Pełnia życia*, Poznań 2011.

Seneka, *Myśli*, Kraków 1989.

Sewell C., Brown P.B., *Klient na całe życie, czyli jak przypadkowego klienta zmienić w wiernego entuzjastę naszych usług*, Warszawa 1992.

Słownik pisarzy antycznych, Warszawa 1982.

Smith A., *Umysł*, Warszawa 1989.

Spector R., *Amazon.com. Historia przedsiębiorstwa, które stworzyło nowy model biznesu*, Warszawa 2000.

Spence G., *Jak skutecznie przekonywać... wszędzie i każdego dnia*, Poznań 2001.

Sprenger R.K., *Zaufanie # 1*, Warszawa 2011.

Staff L., *Michał Anioł*, Warszawa 1990.

Stone D.C., *Podążaj za swymi marzeniami*, Konstancin-Jeziorna 1998.

Swiet J., *Kolumb*, Warszawa 1979.

Szurawski M., *Pamięć. Trening interaktywny*, Łódź 2004.

Szyszkowska M., *W poszukiwaniu sensu życia*, Warszawa 1997.

Tatarkiewicz W., *O szczęściu*, Warszawa 1979.

Tavris C., Aronson E., *Błądzą wszyscy (ale nie ja)*, Sopot--Warszawa 2008.

Tracy B., *Milionerzy z wyboru. 21 tajemnic sukcesu*, Warszawa 2002.

Tracy B., *Plan lotu. Prawdziwy sekret sukcesu*, Warszawa 2008.

Tracy B., Scheelen F.M., *Osobowość lidera*, Warszawa 2001.

Tracy B., *Sztuka zatrudniania najlepszych. 21 praktycznych i sprawdzonych technik do wykorzystania od zaraz*, Warszawa 2006.

Tracy B., *Turbostrategia. 21 skutecznych sposobów na przekształcenie firmy i szybkie zwiększenie zysków*, Warszawa 2004.

Tracy B., *Zarabiaj więcej i awansuj szybciej. 21 sposobów na przyspieszenie kariery*, Warszawa 2007.

Tracy B., *Zarządzanie czasem*, Warszawa 2008.

Tracy B., *Zjedz tę żabę. 21 metod podnoszenia wydajności w pracy i zwalczania skłonności do zwlekania*, Warszawa 2005.

Twentier J.D., *Sztuka chwalenia ludzi*, Warszawa 1998.

Urban H., *Moc pozytywnych słów*, Warszawa 2012.

Ury W., *Odchodząc od nie. Negocjowanie od konfrontacji do kooperacji*, Warszawa 2000.

Vitale J., Klucz do sekretu. *Przyciągnij do siebie wszystko, czego pragniesz*, Gliwice 2009.

Waitley D., *Być najlepszym*, Warszawa 1998.

Waitley D., *Imperium umysłu*, Konstancin-Jeziorna 1997.

Waitley D., *Podwójne zwycięstwo*, Warszawa 1996.

Waitley D., *Sukces zależy od właściwego momentu*, Warszawa 1997.

Waitley D., Tucker R.B., *Gra o sukces. Jak zwyciężać w twórczej rywalizacji*, Warszawa 1996.

Walton S., Huey J., *Sam Walton. Made in America*, Warszawa 1994.

Waterhouse J., Minors D., Waterhouse M., *Twój zegar biologiczny. Jak żyć z nim w zgodzie*, Warszawa 1993.

Wegscheider-Cruse S., *Poczucie własnej wartości. Jak pokochać siebie*, Gdańsk 2007.

Wilson P., *Idealna równowaga. Jak znaleźć czas i sposób na pełnię życia*, Warszawa 2010.

Ziglar Z., *Do zobaczenia na szczycie*, Warszawa 1995.

Ziglar Z., *Droga na szczyt*, Konstancin-Jeziorna 1995.

Ziglar Z., *Ponad szczytem*, Warszawa 1995.

O autorze

Andrzej Moszczyński od 30 lat aktywnie zajmuje się działalnością biznesową. Jego główną kompetencją jest tworzenie skutecznych strategii dla konkretnych obszarów biznesu.

W latach 90. zdobywał doświadczenie w branży reklamowej – był prezesem i założycielem dwóch spółek z o.o. Zatrudniał w nich ponad 40 osób. Spółki te były liderami w swoich branżach, głównie w reklamie zewnętrznej – tranzytowej (reklamy na tramwajach, autobusach i samochodach). W 2001 r. przejęciem pakietów kontrolnych w tych spółkach zainteresowały się dwie firmy: amerykańska spółka giełdowa działająca w ponad 30 krajach, skupiająca się na reklamie radiowej i reklamie zewnętrznej oraz największy w Europie fundusz inwestycyjny. W 2003 r. Andrzej sprzedał udziały w tych spółkach inwestorom strategicznym.

W latach 2005-2015 był prezesem i założycielem spółki, która zajmowała się kompleksową komercjalizacją liderów rynku deweloperskiego (firma w sumie sprzedała ponad 1000 mieszkań oraz 350 apartamentów hotelowych w systemie condo).

W latach 2009-2018 był akcjonariuszem strategicznym oraz przewodniczącym rady nadzorczej fabryki urządzeń okrętowych Expom SA. Spółka ta zasięgiem działania obejmuje cały świat, dostarczając urządzenia (w tym dźwigi i żurawie) dla branży morskiej. W 2018 r. sprzedał pakiet swoich akcji inwestorowi branżowemu.

W 2014 r. utworzył w USA spółkę LLC, która działa w branży wydawniczej. W ciągu 14 lat (poczynając od 2005 r.) napisał w sumie 22 kieszonkowe poradniki z dziedziny rozwoju kompetencji miękkich – obszaru, który ma między innymi znaczenie strategiczne dla budowania wartości niematerialnych i prawnych przedsiębiorstw. Poradniki napisane przez Andrzeja koncentrują się na przekazaniu wiedzy o wartościach i rozwoju osobowości – czynnikach odpowiedzialnych za prowadzenie dobrego życia, bycie spełnionym i szczęśliwym.

Andrzej zdobywał wiedzę z dziedziny budowania wartości firm oraz tworzenia skutecznych strategii przy udziale następujących instytucji: Ernst & Young, Gallup Institute, PricewaterhauseCoopers (PwC) oraz Harward Business Review. Jego kompetencje można przyrównać do pracy **stroiciela instrumentu.**

Kiedy miał 7 lat, mama zabrała go do szkoły muzycznej, aby sprawdzić, czy ma talent. Przeszedł test pozytywnie – okazało się, że może rozpocząć edukację muzyczną. Z różnych powodów to nie nastąpiło. Często jednak w jego książkach czy wykładach można usłyszeć bądź przeczytać przykłady związane ze światem muzyki.

Dlaczego można przyrównać jego kompetencje do pracy stroiciela na przykład fortepianu? Stroiciel udoskonala fortepian, aby jego dźwięk był idealny. Każdy fortepian ma swój określony potencjał mierzony jakością dźwięku – dźwięku, który urzeka i wprowadza ludzi w stan relaksu, a może nawet pozytywnego ukojenia. Podobnie jak stroiciel Andrzej udoskonala różne procesy – szczególnie te, które dotyczą relacji z innymi ludźmi. Wierzy, że ludzie posiadają mechanizm psychologiczny, który można symbolicznie przyrównać do **mentalnego żyroskopu** czy **mentalnego noktowizora**. Rola Andrzeja polega na naprawieniu bądź wprowadzeniu w ruch tych „urządzeń".

Żyroskop jest urządzeniem, które niezależnie od komplikacji pokazuje określony kierunek. Tego typu urządzenie wykorzystywane jest na statkach i w samolotach. Andrzej jest przekonany, że rozwijanie **koncentracji i wyobraźni** prowadzi do włączenia naszego mentalnego żyroskopu. Dzięki temu możemy między innymi znajdować skuteczne rozwiązania skomplikowanych wyzwań.

Noktowizor to wyjątkowe urządzenie, które umożliwia widzenie w ciemności. Jest wykorzystywane przez wojsko, służby wywiadowcze czy myśliwych. Życie Andrzeja ukierunkowane jest na badanie tematu źródeł wewnętrznej motywacji – siły skłaniającej do działania, do przejawiania inicjatywy, do podejmowania wyzwań, do wchodzenia w obszary zupełnie nieznane. Andrzej ma przekonanie, że rozwijanie **poczucia własnej wartości** prowadzi do włączenia naszego mentalnego noktowizora. Bez optymalnego poczucia własnej wartości życie jest ciężarem.

W swojej pracy Andrzej koncentruje się na procesach podnoszących jakość następujących obszarów: właściwe interpretowanie zdarzeń, wyciąganie wniosków z analizy porażek oraz sukcesów, formułowanie właściwych pytań, a także korzystanie z wyobraźni w taki sposób, aby przewidywać swoją przyszłość, co łączy się bezpośrednio z umiejętnością strategicznego myślenia. Umiejętności te pomagają rozumieć mechanizmy wywierania wpływu przez inne osoby i umożliwiają niepoddawanie się wszechobecnej indoktrynacji. Kiedy mentalny noktowizor działa poprawnie, przekazuje w odpowiednim czasie sygnały ostrzegające, że ktoś posługuje się manipulacją, aby osiągnąć swoje cele.

Andrzej posiada również doświadczenie jako prelegent, co związane jest z jego zaangażowaniem w działania społeczne. W ostatnich 30 latach był zapraszany do udziału w różnych szkoleniach i seminariach, zgromadzeniach czy kongresach – w sumie jako mówca wystąpił ponad 700 razy. Jego przemówienia i wykłady znane są z inspirujących przykładów i zachęcających pytań, które mobilizują słuchaczy do działania.

Opinie o książce

Małe dziecko przychodzi na świat bez instrukcji obsługi, o czym boleśnie przekonują się kolejne pokolenia młodych rodziców. A jednak mimo tej pozornej przeszkody ludzkość była i jest w stanie poradzić sobie z tym wyzwaniem. Jak? Młodzi rodzice szybko uczą się – głównie metodą prób i błędów – jak zaspokajać potrzeby swojego dziecka. Rodzicielstwo to ciekawa mieszanka zaufania do własnej intuicji, pomocy bliskich i odwołania do wiedzy ekspertów. To nie stały zestaw umiejętności, które ujawniają się w chwili narodzin dziecka, lecz raczej proces nabywania nowych umiejętności dostosowanych do potrzeb i rozwoju własnych pociech.

Nie inaczej jest w przypadku rozpoznania swoich talentów i wykorzystania ich w codziennym życiu. Nie są to zdolności, jakie nabywa się po przeczytaniu jednej książki lub uczestniczeniu w weekendowych warsztatach, lecz raczej droga, na którą się wchodzi świadomie i którą podąża przez resztę życia. Wybierając się w podróż, zwykle pakujemy ze sobą przewodnik i mapę, dlatego też podczas podróży do własnego wnętrza także warto sięgnąć po jakiś przewodnik. Seria książek autorstwa Andrzeja Moszczyńskiego jest właśnie takim przewodnikiem, zawierającym cenne podpowiedzi oraz techniki odkrywania i wykorzystywania swoich talentów. Autor nie stawia się w pozycji eksperta wiedzącego lepiej, co jest dla nas dobre, lecz raczej doradcy odwołującego się szeroko do filozofii, literatury, współczesnych technik doskonalenia osobowości i własnych doświadczeń. Zdecydowanymi mocnymi stronami tej serii są przykłady z życia ilustrujące prezentowane zagadnienia oraz bogata bibliografia służąca jako punkt do dalszych poszukiwań dla wszystkich zainteresowanych doskonaleniem osobowości. Uważam, że seria ta będzie pomocna dla każdego zainteresowanego świadomym życiem i rozwojem osobistym.

Ania Bogacka
Editorial Consultant and Life Coach

* * *

Na rynku książek wybór poradników jest ogromny, ale wśród tego ogromu istnieją jasne punkty, w oparciu o które można kierować swoim życiem tak, by osiągnąć spełnienie. Samorealizacja jest osiągana poprzez mądrość i świadomość. To samo sprawia, że książki Andrzeja Moszczyńskiego są tak użyteczne i podnoszące na duchu. Dzielenie się mądrością w formie przykładów wielu historycznych postaci oświetla drogę w tej kluczowej podróży. Każda z książek Andrzeja jest kompletna sama w sobie, jednak wszystkie razem stanowią zestaw narzędzi, przy pomocy których każdy z nas może ulepszyć umysł i serce, aby ostatecznie przyjąć proaktywną i współczującą postawę wobec życia. Jako osoba, która badała i edytowała wiele tekstów z filozofii i duchowości, mogę z entuzjazmem polecić tę książkę.

Lawrence E. Payne

Dodatek

Cytaty, które pomagały autorowi napisać tę książkę

Na temat rozwoju

Przeznaczeniem człowieka jest jego charakter.

Heraklit z Efezu

Osobowość kształtuje się nie poprzez piękne słowa, lecz pracą i własnym wysiłkiem.

Albert Einstein

Na temat nastawienia do życia

Jeśli jesteś nieszczęśliwy, to dlatego, że cały czas myślisz raczej o tym, czego nie masz, zamiast koncentrować się na tym, co masz w danej chwili.

Anthony de Mello

W końcu, bracia, wszystko, co jest prawdziwe, co godne, co sprawiedliwe, co czyste, co miłe, co zasługuje na uznanie: jeśli jest jakąś cnotą i czynem chwalebnym – to miejcie na myśli.

List do Filipian 4:8

Na temat szczęścia

Ludzie są na tyle szczęśliwi, na ile sobie pozwolą nimi być.

Abraham Lincoln

Więcej szczęścia jest w dawaniu aniżeli w braniu.

Dz 20:35

Na temat poczucia własnej wartości

Bez Twojego pozwolenia nikt nie może sprawić, że poczujesz się gorszy.

Eleanor Roosevelt

Na temat możliwości człowieka

Nie ma rzeczy niemożliwych, są tylko te trudniejsze do wykonania.

Henry Ford

Gdybyśmy robili wszystkie rzeczy, które jesteśmy w stanie zrobić, wprawilibyśmy się w ogromne zdumienie.

Thomas Edison

Na temat poznawania siebie

Najpierw sami tworzymy własne nawyki, potem nawyki tworzą nas.

John Dryden

Na temat wiary w siebie

Człowiek, który zyska i zachowa władzę nad sobą, dokona rzeczy największych i najtrudniejszych.

Johann Wolfgang von Goethe

Ludzie potrafią, gdy sądzą, że potrafią.

Wergiliusz

Na temat wnikliwości

Prawdę należy mówić tylko temu, kto chce jej słuchać.

Seneka Starszy

Język mądrych jest lekarstwem.

Księga Przysłów 12:18

Na temat wytrwałości

Nic na świecie nie zastąpi wytrwałości. Nie zastąpi jej talent – nie ma nic powszechniejszego niż ludzie utalentowani, którzy nie odnoszą sukcesów. Nie uczyni niczego sam geniusz – nienagradzany geniusz to już prawie przysłowie. Nie uczyni niczego też samo wykształcenie – świat jest pełen ludzi wykształconych, o których zapomniano. Tylko wytrwałość i determinacja są wszechmocne.

John Calvin Coolidge

Możemy zrealizować każde zamierzenie, jeśli potrafimy trwać w nim wystarczająco długo.

Helen Keller

Tak samo, jak pojedynczy krok nie tworzy ścieżki na ziemi, tak pojedyncza myśl nie stworzy ścieżki w Twoim umyśle. Prawdziwa ścieżka powstaje, gdy chodzimy po niej wielokrotnie. Aby stworzyć głęboką ścieżkę mentalną, potrzebne jest wielokrotne powtarzanie myśli, które mają zdominować nasze życie.

Napoleon Bonaparte

Na temat entuzjazmu

Tylko przykład jest zaraźliwy.

Lope de Vega

Na temat odwagi

Życie albo jest śmiałą przygodą, albo nie jest życiem. Nie lękać się zmian, a w obliczu kapryśności losu zachowywać hart ducha – oto siła nie do pokonania.

Helen Keller

Silny jest ten, kto potrafi przezwyciężyć swe szkodliwe przyzwyczajenia.

Benjamin Franklin

Życie jest przygodą dla odważnych albo niczym.

Helen Keller

Na temat realizmu

Kto z was, chcąc zbudować wieżę, nie usiądzie wpierw i nie obliczy wydatków, czy ma na jej wykończenie.

Ew. Łukasza 14:28

Pesymista szuka przeciwności w każdej okazji, optymista widzi okazje w każdej przeciwności.

Winston Churchill

Dajcie mi odpowiednio długą dźwignię i wystarczająco mocną podporę, a sam poruszę cały glob.

Archimedes

OFERTA WYDAWNICZA
Andrew Moszczynski Group sp. z o.o.

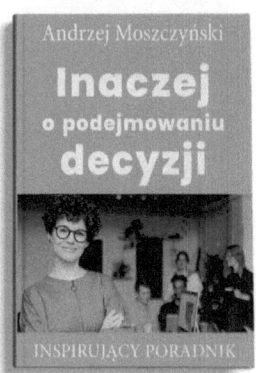

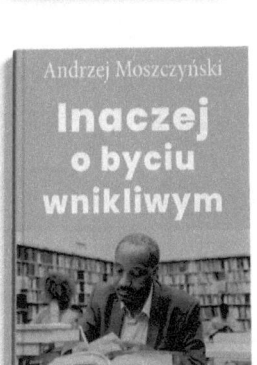

www.ingramcontent.com/pod-product-compliance
Lightning Source LLC
LaVergne TN
LVHW041609070526
838199LV00052B/3061